JN039624

CD付

イラストで
直感的にわかる

小学英語
ワークブック

小学生のうちから学んでおきたい
英文法が身につく

［著］
守屋佑真
河合塾講師・小学英語研修講師

［イラスト］
いとうみつる

KADOKAWA

はじめに

小学生のみんなへ

　はじめまして！　守屋 佑真です。この本を手にとってくれてありがとう。

　君は英語が好きだからこの本を読んでいるのかな。それともお父さんやお母さんやまわりの大人が「エイゴハダイジ」っていうからしかたなく読んでいるのかな。

　きっかけは何であっても、この本はきっと君の役に立ってくれるはず。この本の力を最大限引き出すために3つのアドバイスをしておくね。

1 音源を必ず使う

　英語はことばだから聞いたり声に出したりすることを大事にしてね。「聞いて、書いて、声に出して読む」ことはとても大切だよ。

2 | 学んだことを実際に使っている 自分をイメージする

　英語ができると世界中の色々な人たちのことを知ることができるし、君のことも知ってもらえるようになるんだ。「英語は使うためのもの」という意識をいつも持っていてね。

3 | エレメントとネコに 名前をつける

　最後はアドバイスというよりお願い。実はこの本に登場するキャラクターには名前がついていないんだ。だからもしいい名前が思いついたら君だけの名前を付けてあげてね。思いついたらでいいから！

　この本が、君が世界に飛び出すための力に少しでもなりますように！　では、はじめよう！

守屋 佑真

3

はじめに

おうちの方へ

　私はこれまで、保育士や予備校講師といった様々な立場から、幼児から社会人までの全年齢における学びと関わってきました。

　予備校の講師として、中学生・高校生・大学受験生を指導していると、学力下位層に必ずといっていいほど欠けている感覚が、「品詞の感覚」です。

　多くの浪人生はこの感覚が非常に乏しく、「言葉には何らかの分類が存在している」という感覚が希薄なのです。品詞の感覚が、言語学習上どこかで必ず問われるのは自明にもかかわらず。

　2020年現在、小学校で学ぶ英語に代表される一連の英語教育改革は、言語をより「感覚的に／自然に」使うことをテーマとしています。この方向性そのものは全否定されるべきものではありませんが、私が最も懸念している問題は解決できないと考えています。

　その問題とは「小学校までは楽しかった英語が、中学校から楽しくなくなってしまう」という事態です。現在の小学校で学ぶ英語は「感覚的」であり、文法や品詞のような「理屈的」な内容は深く扱いません。しかし、中学校に進み、それまで感覚的だった英語学習に、突如「理屈やルール」が入ってきて、ギャップに苦しむ子どもが少なからずいることも事実です。

　大学入試に「英語四技能」の波が押し寄せ、これまで以上に「しっかりと読み、聞き、書き、話す」ことが求められていく中で、小学校から中学校への「理屈のハードル」を、いかに下げるかが重要になるでしょう。

　多くの親は子どもが転ばぬよう、ケガをせぬよう、失敗をしないよう、悲しい思いをしないよう、様々な「転ばぬ先の杖」を与えようとします。自分がした思いをしないように、この子が大人になるまでずっと笑顔でいられるように、と祈るように育てていくでしょう。

しかしながら、幼児から大学受験生まで、幅広い年齢の子どもたちと関わる中で、少なくとも英語学習においては、ここに大きな勘違いがあると思うようになりました。

どうやら人は転ばずに、ケガをせずに、失敗をせずに、悲しい思いをせずに、生涯を過ごすことはできないようなのです。親の保護によってある時点でそうした思いをせずに済んだとしても、その経験は必ず別の機会に、その後のどこかで、その子のところにやってくるのです。

私はこれを

「人は"短縮"はできるが、"省略"はできない」

と表現しています。

だとすれば、私たちが子どもに対してとるべき最善の方針は「いかに適切に転ばせてあげるか」ではないか、というのが現段階での私の結論です。

転ばせないことができないのなら、
大ケガをしないよう、上手に転ばせ、学びの機会をあげるべきです。

本書はそうした考えのもと、「小学校英語」と「それ以降の英語」のギャップが生むつまずきを「大ケガ」にしないことを目的としています。

大学入試までを見据えて、必ず身に付けておくべき「品詞と文型」を小学校の英語学習のうちから緩やかに理解しておくことで、「小学校までは英語が楽しかったのに、中学校から英語が嫌いになった。それからずっと英語が苦手だ」という大ケガを生じさせないようにします。

来るべきつまずきが可能な限り衝撃の小さなものになるように、学習に必然的に伴う「苦しい時間」ができるだけ短縮されるように、という思いをかたちにしました。

本書がつまずきも失敗もその内側に飲み込んだ豊かな学びの一助となることを願ってやみません。

守屋 佑真

も　く　じ

CHAPTER 1

自分のことをはなそう ……………………………… 13

エレメントの紹介

英語には「品詞」という考え方があります。
この本では、「品詞」をエレメントで表しています。
ここでは、そのエレメントたちを紹介します。

火のエレメント

名詞のエレメント

名詞は、ものや場所、ものごとの
名称を示します。
火のエレメントは、
木のエレメントによって強くなり、
水のエレメントには弱いです。
文章の基本となるエレメントなため、
この本の中で一番出てきます。

雲のエレメント

動詞のエレメント

動詞は、ものごとの
動作・作用・存在などを示します。
火のエレメントの影響を受けて、
様々なかたちに変化します。
また雲のエレメントは、水のエレメント
があると大きくなります。

ネコ

この本の案内役。
エレメントたちとともに、
みんなの学びを
サポートして
くれます。

木のエレメント

形容詞のエレメント

形容詞は、
ものごとの性質や状態を示します。
木のエレメントを
火のエレメントに加えると、
もっと燃えます。
水のエレメントを加えると、
木のエレメントはよく育ちます。

水のエレメント

副詞のエレメント

副詞は、動詞や形容詞などを
修飾します。名詞を修飾はしません。
水のエレメントがあると
木のエレメントは大きく育ちます。
また水のエレメントがあると
雲のエレメントも大きく発達します。
一方で、水をかけると
火のエレメントは消えてしまいます。

この本の特長と使い方

この本の特長

1 ▷ 自然と身につく"エレメント式"

この本は、小学校での英語活動に関わる内容で、文法の大事なところ、つまり、中学校以上でしっかり習う品詞や文型の感覚を、直感的に理解できるようにしています。

名詞を"火"のエレメント、形容詞を"木"のエレメントなどのように、色やキャラクターでエレメントを表示しているので、中学校以上で大事な、品詞の感覚を自然に学べます。

2 ▷ "自分⇒家族⇒身近な社会"と展開

小学生のみなさん自身に関わることを出発点に、身近な社会（友だち・先生）までをテーマとして取り上げます。「自分ごと」として考えられるからこそ、理解が深まります。

3 ▷ "何のためか"がわかる

小学校での英語活動の多くは、何文かのまとまった文章が書けるようになることをゴールにしています。この本は、完成形の文章からスタートすることで、「何のための表現か」を意識してもらいます。小学生のみなさんにとって、"必然性のある"学びになっています。

この本の使い方

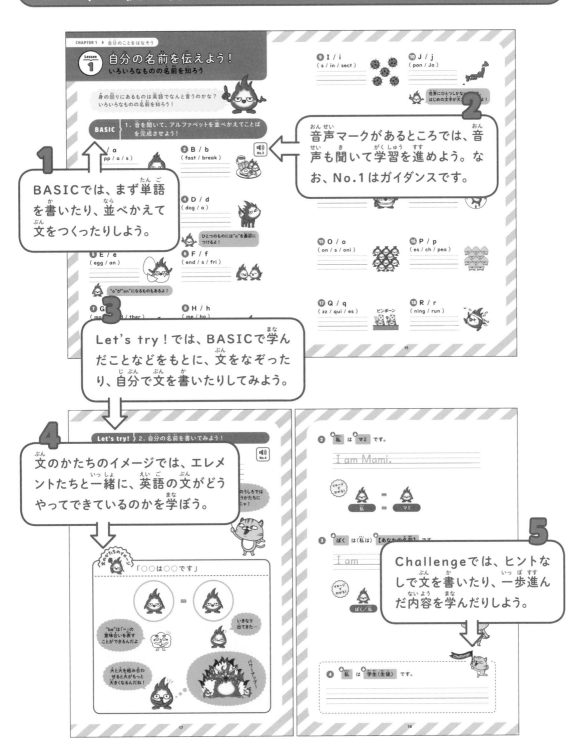

① BASICでは、まず単語を書いたり、並べかえて文をつくったりしよう。

② 音声マークがあるところでは、音声も聞いて学習を進めよう。なお、No.1はガイダンスです。

③ Let's try！では、BASICで学んだことなどをもとに、文をなぞったり、自分で文を書いたりしてみよう。

④ 文のかたちのイメージでは、エレメントたちと一緒に、英語の文がどうやってできているのかを学ぼう。

⑤ Challengeでは、ヒントなしで文を書いたり、一歩進んだ内容を学んだりしよう。

音声ダウンロードの方法

この本をご購入いただいた方への特典として、この本についている
CDに収録されているのと同じ音声を無料でダウンロードいただけま
す。CDの再生機器をお持ちでない方などでもご活用できます。

記載されている注意事項をよくお読みになり、ダウンロードページへお
進みください。

https://www.kadokawa.co.jp/product/321906000397/
[ユーザー名] eigoworkbook
[パスワード] element

上記のURLへアクセスいただくと、データを無料ダウンロードできます。
「ダウンロードはこちら」という一文をクリックして、ユーザー名とパスワ
ードをご入力のうえダウンロードし、ご利用ください。

【注意事項】
●ダウンロードはパソコンからのみとなります。携帯電話・スマートフォン・タブレットからのダ
ウンロードはできません。
●音声はmp3形式で保存されています。お聴きいただくには、mp3を再生できる環境が必
要です。
●ダウンロードページへのアクセスがうまくいかない場合は、お使いのブラウザが最新である
かどうかご確認ください。また、ダウンロードする前に、パソコンに十分な空き容量があること
をご確認ください。
●フォルダは圧縮されていますので、解凍したうえでご利用ください。
●音声はパソコンでの再生を推奨します。一部ポータブルプレイヤーにデータを転送できな
い場合もございます。
●なお、本サービスは予告なく終了する場合がございます。あらかじめご了承ください。

自分の
ことをはなそう

ソウタ君の自己紹介を聞いてみよう

Hello.

I am Sota.

I like tennis.

I play tennis every day.

I have a small dog.

I walk the dog at six in the morning.

Thank you.

🔊 No.2

今回は、これが書けて
言えるようになるのが
目標なのニャ!

Lesson 1 自分の名前を伝えよう！
いろいろなものの名前を知ろう

身の回りにあるものは英語でなんと言うのかな？
いろいろなものの名前を知ろう！

BASIC 〉 1. 音を聞いて、アルファベットを並べかえてことば を完成させよう！

1 A / a
(le / pp / a / s)
_____
_____

2 B / b　　🔊 No.3
(fast / break)
_____
_____

> たくさんあるとうしろに"s"がつくよ！

3 C / c
(lor / s / co)
_____
_____

4 D / d
(dog / a)
_____
_____

> ひとつのものには"a"を最初に つけるよ！

5 E / e
(egg / an)
_____
_____

> "a"が"an"になるものもあるよ！

6 F / f
(end / s / fri)
_____
_____

7 G / g
(mo / grand / ther)
_____
_____

8 H / h
(me / ho)
_____
_____

9 I / i

(s / in / sect)

10 J / j

(pan / Ja)

世界にひとつしかないものは、
はじめの文字が大文字になるよ！

11 K / k

(ss / ki / es)

12 L / l

(les / a / son)

たくさんあるときにつく"s"は
"es"になることもあるよ！

13 M / m

(ther / mo)

14 N / n

(on / no)

15 O / o

(on / s / oni)

16 P / p

(es / ch / pea)

17 Q / q

(zz / qui / es)

ピンポ〜ン

18 R / r

(ning / run)

19 S / s
(dent / a / stu)

_____
_____
_____

20 T / t
(nis / ten)

_____
_____
_____

21 U / u
(cle / un)

_____
_____
_____

22 V / v
(ge / ta / ble / ve / s)

_____
_____
_____

23 W / w
(ter / wa)

_____
_____
_____

24 X / x
(phone / xylo)

_____
_____
_____

25 Y / y
(gur / yo / t)

_____
_____
_____

26 Z / z
(ro / ze)

_____
_____
_____

① ぼく は タカシ です。

🔊 No.4

I am Takashi.

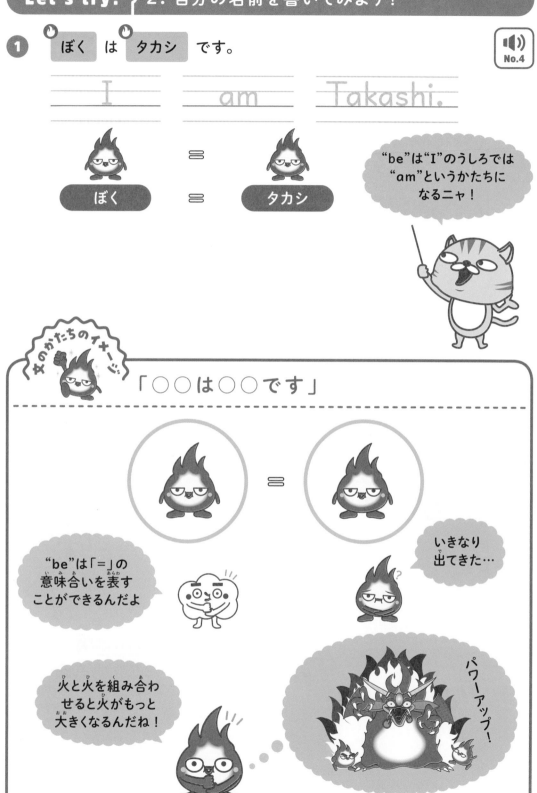

ぼく ＝ タカシ

"be"は"I"のうしろでは"am"というかたちになるニャ！

〈beのかたちのイメージ〉

「○○は○○です」

"be"は「＝」の意味合いを表すことができるんだよ

いきなり出てきた…

火と火を組み合わせると火がもっと大きくなるんだね！

パワーアップ！

②  私 は マミ です。

I am Mami.

イメージで
わかる！

私 ＝ マミ

③ ぼく は（私は） 【あなたの名前】 です。

I am _____.

イメージで
わかる！

ぼく／私 ＝ 【あなたの名前】

アルファベットで
自分の名前を
書けるかニャ？

Challenge

④  私 は 学生（生徒） です。

Lesson 2 自分の 1 日を伝えよう！
身近な動作を知ろう

ふだんの生活で自分がしていることは英語でなんというのかな？　いろいろな動作を知ろう！

BASIC 〉1. 音を聞いて音の順番にことばを並べかえよう！

1 起きる
(up / get)

🔊 No.5

たとえば「8 時に」といいたいときにはうしろに"at eight"とつけるニャ！

2 学校へいく
(to / school / go)

3 昼食をとる
(lunch / have)

4 帰宅する
(home / go)

5 犬の散歩をする
(a / walk / dog)

6 塾にいく
(to / cram / go / school)

7 ダンスを習う

(dancing / lessons / take)

_____

_____

_____

たとえば「毎週金曜日に」といいたいときにはうしろに"on Fridays"とつけよう！

8 宿題をする

(homework / do)

_____

_____

_____

9 テニスをする

(tennis / play)

_____

_____

_____

たとえば「ピアノをひく」ならば"play the piano"というよ！theがつくんだよ

10 夕食をとる

(dinner / have)

_____

_____

_____

11 寝る

(to / go / bed)

_____

_____

_____

数字を覚えよう！

1. one
2. two
3. three
4. four
5. five
6. six
7. seven
8. eight
9. nine
10. ten
11. eleven
12. twelve
13. thirteen
14. fourteen
15. fifteen
16. sixteen
17. seventeen
18. eighteen
19. nineteen
20. twenty

赤い線がついている数字に気をつけるニャ！

1  ぼく は6時に 起きます 。

No.6

I　　get up　　at six.

ぼく

起きる

6時に

音声を止めて、
「文のかたちのイメージ」
を読んでみてニャ！

誰？

ジャ〜ン

〈文のかたちのイメージ〉

「○○が△△する」と「○○が□□を△△する」

ここでは雲の2つのはたらき方について
学んでもらうニャ！
A・B、2つのはたらきを知ってニャ！

A　　　が　　　する

火が、主役として雲の動きを
するイメージだよ！

自分で
動くよ〜

こんな感じ？

そうそう！

B

えい!

雲のうしろの火は
雲の動きの的になる
イメージだよ!

この2種類の
雲の動きがあることを
知っておいてニャ!

22

2 私 は 8 時に 学校に行きます 。

I go to school at eight.

イメージで
わかる！

 私　 学校に行く　8 時に

「朝の 8 時に」は"at eight in the morning" というよ！

3 ぼく は(私は)毎週金曜日に ピアノ を ひきます 。

I play the piano on Fridays.

イメージで
わかる！

 ぼく／私　ひく　ピアノ　毎週金曜日に

毎日だったら
"every day"を水の位置
に入れるよ！

だから誰なの…

4 私 は ネコ を 飼っています 。

have は「持つ」／
「食べる」／「飼う」など
いろいろな意味で使えるよ！

Lesson 3 自分のいろいろなことを伝えよう！
くわしく伝える表現を知ろう

君はどんなものが好きかな、嫌いかな？　どんなもの
がほしいかな？　君のこと、くわしく伝えてみよう！

BASIC ▶ 1. 音を聞いて音の順番にことばを並べかえよう！

❶ (like / I / grapes).
私はブドウが好きです。

音声が聞き取れなかっ
たら、もう一度音声を
聞いてみてニャ！

like

_____

_____

_____

❷ (mushrooms / do not like / I).
ぼくはキノコが嫌いです。

_____

_____

_____

do not like

 "do not"は"don't"とも
書けるニャ！

 "do not"と"don't"で読み方がどんな風
に変わるのかも確認してみよう!!

❸ (don't / I / green peppers / like).
私はピーマンが嫌いです。

_____

_____

_____

green

 "don't"の読み方、わかったかニャ？

4 (flowers / want / I / beautiful).
私はきれいな花がほしいです。

_____

_____

beautiful

一度で書き取れなくても大丈夫ニャ。
音声を戻して、取り組んでみてニャ！

5 (I / want / oranges / sour / don't).
ぼくはすっぱいオレンジはほしくありません。

_____

_____

sour

6 (have / a / brother / kind / I).
私にはやさしい兄（弟）がいます。

_____

_____

kind

7 (have / big / I / don't / a / dog).
ぼくは大きな犬を飼っていません。

_____

_____

big

たとえば「（一匹の）小さいネコ」と言いたい
ときには"a small cat"と言うんだよ！

8 (happy / I / songs / like).
私は楽しい歌が好きです。

_____

_____

happy

9 (I / like / don't / songs / sad).

ぼくは悲しい歌が嫌いです。

sad

10 (fat / a / cat / I / have).

私は太ったネコを飼っています。

fat

11 (keep / thin / a / cat / I).

ぼくはやせたネコを飼っています。

thin

反対の意味を表すことばはペアにして覚えてしまうといいニャ！

fat thin

No.8

strong weak

tall short

heavy light

new old

good bad

young old

long short

同じことばが違う意味でも使われていることを確認だよ

1 ぼく は（私は） あまいイチゴ が 好きです 。

I   like   sweet strawberries.

 ぼく／私   好き    あまい イチゴ

「文のかたちのイメージ」にある、
あ・い・うもチェックしてね。

文のかたちのイメージ

「…な○○」 ～木と火の関係～

 ＋

ここでは火をくわしく伝える
木について学ぶニャ！

 な

火は木によって
もっと燃えるイメージだよ！

 こんニャ風に、
「🌱」な「🔥」という意味に
ニャるね

あ I want **a fish** .

"a fish"は、どれにもあてはまるね…

い I want **a** **big** **fish** .

大きい方だけになったね！

う I want **a** **big red** **fish** .

1匹に絞られたね！

ぼくをつければつけるほど
よりくわしく伝わるよ！

② 私 は（ぼくは） 新しい靴 が 欲しいです 。

I want new shoes.

イメージで
わかる！

私／ぼく　　欲しい　　新しい靴

 木と火を合わせたらまとめて火と考えてね

③ ぼく は（私は） （一匹の）太ったネコ を 飼っています 。

I have a fat cat.

イメージで
わかる！

ぼく／私　　飼っている　　（一匹の）太ったネコ

Challenge

④ 私 は（ぼくは） きれいで小さな花 が 好きです 。

ぼくを連続して使うときには
「並ぶ順番」があるんだ。
少しずつ知っていってね！

ことばの順番

このコーナーではこれからみんなが出会うことになるミライの学びを少しだけ紹介しちゃおう。

4つのエレメントが文を作るとき、決まった順番で並んでいることに気付いたかな？ ミライで学ぶこの「順番」について少しだけ見てみよう。

この「ことばの順番」は「文型」というんだ。英語の文はこの文型、つまり「文の型のルール」にしたがってことばを並べることで伝わる文になるんだよ。

おっと、むずかしく考えちゃだめ。この文の型は全部で5種類しかないし（少なくとも高校生のお兄さんやお姉さんでも5種類しか知らないんだよ）、その5つのうち3つはもうここまでで学んじゃったんだ。

のこりの2つはいつかの楽しみにとっておくとして、まずは「ことばにはどうも並べる順番があるらしい」ということだけ知っておいてね。

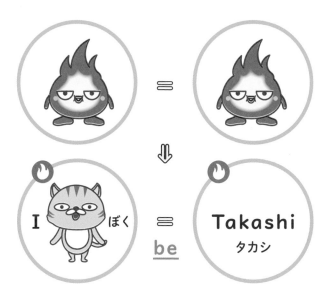

Lesson 4 自己紹介をしよう！
自分のことばで書いてみよう

ここまで学んだ内容を生かして自己紹介を書いてみよう！

BASIC 1. 音を聞いて音の順番にことばを並べかえよう！

No.10

1 (I / Sota / am).
ぼくはソウタです。

2 (I / tennis / like).
ぼくはテニスが好きです。

 火と火がイコールで結ばれているかたちだね！

 2つめの火が雲の的になっているかたちだね！

3 (every / play / tennis / I / day).
ぼくは毎日テニスをします。

 「毎日」をどこに置くか、覚えてたかな？

4 (dog / small / I / a / have).
ぼくは小さい犬を飼っています。

 a dogをくわしく伝える木の使い方をチェックしよう！

5 (six / the / walk / dog / at / I / in / morning / the).
ぼくは朝6時にその犬を散歩します。

 しっかり確認できたかニャ？じゃあ、自分のことを書いてみるニャ！

1 まずは君の名前を教えて！

音声の英文は、あくまで例・ヒントだニャ。自分なりに書いてみるニャ！

No.11

ヒント： ぼく は（私は） ○○ です。

文のはじめの文字と、自分の名前の1文字目は、大文字で書くのを忘れちゃだめニャ！

困ったらLesson 1 をもう一回見てみようね

2 君の好きなことを教えて！

ヒント： ぼく は（私は） ○○ が 好きです。

好きなものをくわしく伝えたいときにはどうすればいいんだっけ？

困ったらLesson 3 を見てみるニャ！

3 君の毎日することや毎週きまってすることを教えて！

「毎日6時に起きる」の「6時に」ってなんて書けばいいんだっけ？

困ったらLesson 2 を確認してみるニャ！

4 君の持っているものや飼っているペットを教えて！

ヒント： ぼく は（私は） ○○ を 持っています（飼っています）。

「飼っている」はどうやって書いたらいいかな？

たしかLesson 2 とLesson 3 にヒントがあったはずニャ…

⑤ **④**で教えてくれたものやペットについてもっと教えて！

ヒント： ぼく は（私は）その ◯◯ を毎日 散歩させます 。

> 「その◯◯」って書くときには
> ぼくの前に"a"じゃなくて
> "the"をつけるといいよ！

> はじめて
> 知ったニャ！！

⑥ ペットの名前を紹介して！

> 飼っているペットの名前を
> 紹介したいんだけど
> どうしたらいいかニャ？

> 男の子なら「彼の名前」は
> "his name"、
> 女の子なら「彼女の名前」は
> "her name"で
> 言えちゃうよ！

⑦ 新しい緑色の靴を毎日はいているって書いて！

> 「はいている」って
> 書きたいんだけど
> どうしたらいいかニャ？

> 靴を「はく」も
> 服を「着る」も
> "wear"で
> 言えちゃうよ！

his name

her name

wear

new

CHAPTER 2

家族の
ことをはなそう

ソウタ君の家族紹介を聞いてみよう

Hello.

This is my father.

His name is Satoshi.

He is a doctor.

He is kind.

He works very hard.

He likes baseball.

He practices baseball every weekend.

I like him very much.

Thank you.

No.12

今回は、これが書けて
言えるようになるのが
目標なのニャ！

Lesson 5 家族関係を伝えよう！
家族の呼び方・仕事の名前を知ろう

お父さん、お母さん、おじいちゃん、おばあちゃんは、英語でなんて書けばいいのかな？　仕事の名前も見てみよう！

BASIC ▶ 1. 音を聞いてことばを確認したら書いてみよう！

●家族

No.13

1 father
父親

2 mother
母親

3 grandfather
おじいちゃん

"grandmother"なら「おばあちゃん」だよ

uncle
おじ

4 older sister
お姉ちゃん

aunt
おば

5 younger brother
弟

他にもいろいろあるニャ！

 "older"は「年上の」、"younger"は「年下の」なのニャ！

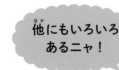

●仕事や身分の呼び方

6 office worker
会社員

_____

7 doctor
医者

_____

8 nurse
看護師

_____

9 programmer
プログラマー

_____

10 beautician
美容師

_____

11 student
学生・生徒

_____

12 farmer
農家

_____

13 teacher
先生

_____

14 vet
獣医

15 cook
コック

dentist
歯医者

lawyer
弁護士

scientist
科学者

pop idol
アイドル歌手

carpenter
大工

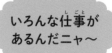

いろんな仕事が
あるんだニャ〜

comedian
お笑い芸人

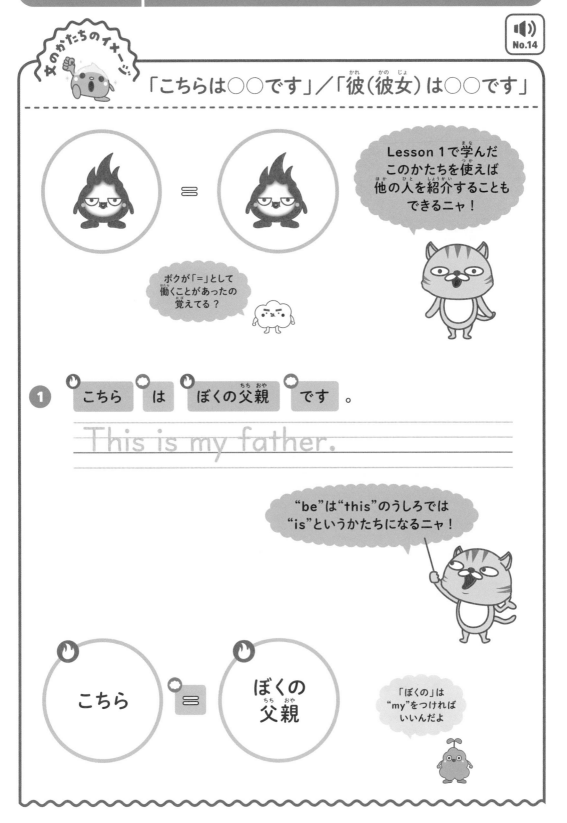

「こちらは○○です」／「彼（彼女）は○○です」

No.14

Lesson 1で学んだ
このかたちを使えば
他の人を紹介することも
できるニャ！

ボクが「＝」として
働くことがあったの
覚えてる？

① こちら　は　ぼくの父親　です 。

This is my father.

"be"は"this"のうしろでは
"is"というかたちになるニャ！

こちら ＝ ぼくの父親

「ぼくの」は
"my"をつければ
いいんだよ

② 彼女 は 会社員 です 。

She is an office worker.

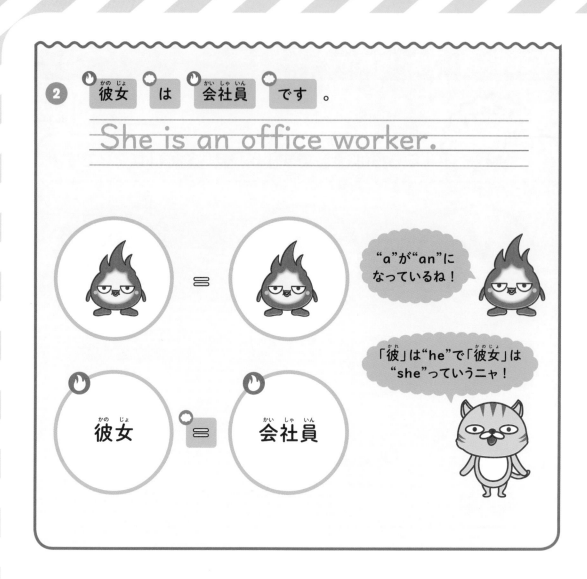

"a"が"an"に
なっているね！

「彼」は"he"で「彼女」は
"she"っていうニャ！

彼女 ＝ 会社員

火と火を合わせる
イメージだったね！

③ こちら は 私（わたし）の祖母（そぼ） です 。

This is my grandmother.

こちら ＝ 私（わたし）の祖母（そぼ）

④ 彼（かれ） は 看護師（かんごし） です 。

He is a nurse.

彼（かれ） ＝ 看護師（かんごし）

Challenge

⑤ こちら は 私（わたし）の姉（あね） です 。 彼女（かのじょ）の名前（なまえ） は エリカ です 。 彼女（かのじょ） は 美容師（びようし） です 。

「彼女（かのじょ）の名前（なまえ）」は
"her name"
だったね！
覚（おぼ）えていたかな？

たくさんの文（ぶん）が
書（か）けるようになって
きたニャ〜

Lesson 6 家族の様子や性格を伝えよう!
様子や気持ちを表すことばを知ろう

> 君の家族はどんな人かな? 気持ちや様子を表す
> ことばを使えるようになろう!

BASIC 〉1. 音を聞いて音の順番にことばを並べかえよう!

1 (kind / My older sister / is).
私の姉はやさしいです。

🔊 No.15

kind

2 (is / He / tall).
彼は背が高いです。

tall

3 (My father / tired / always / is).
お父さんはいつも疲れています。

tired

"always"は「いつも」という意味だよ!

4 (is / My mother / busy).
お母さんは忙しいです。

busy

5 (angry / My aunt / is / not).

おばさんは怒っていません。

_____

_____

_____

angry

"is not"で「ではない」という意味になるよ！

6 (is / My younger sister / today / sick).

私の妹は今日具合が悪いです。

_____

_____

_____

sick

7 (is / active / My big brother).

ぼくの兄はとても活動的（活発）です。

_____

_____

_____

active

8 (noisy / is / My little sister).

私の妹はうるさいです。

_____

_____

_____

noisy

兄弟・姉妹の「年上」は"big"、
「年下」は"little"
でも表せるよ！

9 (is / strict / not / My grandfather).

ぼくのおじいちゃんは厳しくありません。

_____

_____

_____

strict

10 (grandmother / cheerful / My / is).

わたしのおばあちゃんは明るいです。

_____

_____

_____

cheerful

11 (funny / uncle / is / My).

ぼくのおじさんは面白いです。

_____

_____

_____

funny

「おじさん」は"uncle"、
「おばさん」は"aunt"
だったね！

〈文のかたちのイメージ〉

No.16

「○○は□□です」

1　私の姉　は　やさしい　です　。

My big sister is kind.

Lesson 1 とLesson 5 で
出てきた文のかたちと
おんなじニャね！

私の姉 ＝ やさしい

パワーアップ！

火を強める木の働きを
しっかりイメージしてね！

2 私の父 は 背が高い です 。

My father is tall.

イメージでわかる！

私の父 ＝ 背が高い

3 私の母 は いつも 怒ってい ます 。

My mother is always angry.

イメージでわかる！

私の母 ＝ いつも 怒っている

 「いつも」はなんて言うんだっけ？

 Challenge

4 私の兄 は 今日は 具合が悪い ようにみえます 。

_____

_____

 私の兄 （見た目で＝） 具合が悪い 今日

 今回の文なら、「＝」の働きをする"is"を"looks"に変えると「見た目で＝」という意味にできるよ！

 "looks"は「みえる」という意味の"look"にsがついたかたちニャ！　どんなときにsがつくかは次のLessonで確認ニャ！

英語がキライ！

いきなりだけど、キミは英語、好きかな？
ボクははじめて英語を勉強したとき英語がとってもキライだったんだよね。
だって、自分がふだん使っていることばとあまりにも違うし、覚えることもたくさんあるし…英語を勉強しても意味ないって思っていたんだ。

でも、はじめて英語で外国の人と話した時、そんなことないんだな、って気付いたんだ。

新しいことばを覚えたら伝えられることが増えた。
ことばを覚えるたびに友だちが増えた。
世界はボクが思っているよりもずっと広いんだって知れた。

そう思ったら英語が前よりもキライじゃなくなったんだ。だからもしキミが今は英語が好きじゃなくても、チャンスがあったら外国の人に英語で話しかけてみて。何か変わるかもしれないよ。

Lesson 7 家族の1日を伝えよう！
他の人のことを説明してみよう

ふだんの生活で家族がしていることは英語でなんというのかな？　自分のことを伝えるときと何が違うだろう？　また「いつ」に関することばについても確認してみよう！

BASIC ▷ 1. 音を聞いて音の順番にことばを並べかえよう！
最初にくるアルファベットも小文字で書いてあるよ！

❶ (at six / up / gets / my father).

No.17

私の父は6時に起きます。

――――――――――――――――――――――――
――――――――――――――――――――――――
――――――――――――――――――――――――

数字は覚えたかニャ！　忘れちゃったらLesson 2を復習するニャ！

❷ (at / my sister / to / school / goes / eight).

私の姉（妹）は8時に学校に行きます。

――――――――――――――――――――――――
――――――――――――――――――――――――
――――――――――――――――――――――――
――――――――――――――――――――――――

文の一番最初にくるアルファベットは、大文字で書けてるかニャ？

❸ (in the office / lunch / has / my mother).
私の母は会社でお昼を食べます。

――――――――――――――――――――――――
――――――――――――――――――――――――

in the office

4 (my father / home / comes / late).

ぼくのお父さんは遅く家に帰ってきます。

late

5 (every day / his / walks / my grandfather / dog).

私のおじいちゃんは毎日犬の散歩をします。

walk a dog

6 (to / my elder brother / goes / cram school).

私の兄は塾に通っています。

「私の兄」は"my older brother"とも
"my elder brother"ともいえるよ！

7 (my older sister / dancing / on Fridays / lessons / takes).

私の姉は毎週金曜日ダンスを習っています。

take dancing
lessons

8 (homework / my younger sister / does / in the evening).

ぼくの妹は夕方に宿題をやります。

"in the evening"は「夕方に／夜に」という意味だよ

「朝早くに」だったら"early in the morning"っていうニャ！

9 (my grandmother / tennis / practices / every weekend).

ぼくのおばあちゃんは毎週末テニスの練習をします。

practice tennis

"every weekend"は「毎週末」という意味だよ

10 (plays / my elder sister / the trumpet / at school).

私の姉は学校でトランペットを演奏します。

at school

「ピアノをひく」="play the piano"のようにtrumpetにもtheがついているね！
楽器を演奏するときにはtheがつくんだね！

11 (my younger brother / to / goes / bed / early).

私の弟は早く寝ます。

cock-a-doodle-doo

early

① ぼくの祖父 は 5時に 起きます 。

No.18

My grandfather gets up at five.

ぼくの祖父

起きる

5時に

女のわたちのイメージ

水の働き

My grandfather gets up at five.

"at five"が"gets up"
をくわしく伝えるニャ！

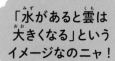
「水があると雲は
大きくなる」という
イメージなのニャ！

2 私の祖母 は 朝 、 犬を散歩します 。

My grandmother walks her

dog in the morning.

イメージでわかる！

私の祖母　　犬を散歩する　　朝

3 ぼくの兄 は 朝早くに 学校にいきます 。

My older brother goes to

school early in the morning.

イメージでわかる！

ぼくの兄　　学校にいく　　朝早く

 「仕事にいく」のだったら"go to work"というよ！

 どうだったかな？　ボクに"s"や"es"がくっついていることに気付いたかな？

④ 私の姉 は 朝早く 学校にいって 、
テニス を とても一生懸命に 練習します 。

and

私の姉 　学校にいく 　朝早く　 and 　練習する　 テニス 　とても一生懸命に

hard

very hard

"and"を使うと同じ種類のことばをつなげることができるニャ！

「とても一生懸命に」は"very hard"というよ！

Lesson 8
家族のいろいろなことを伝えよう！
他の人の好き嫌いなどを伝える表現を知ろう

君の家族はどんなものが好きかな、嫌いかな？　どんなものが欲しいかな？　どんなものを持っているかな？　君の家族のこと、いろいろ伝えてみよう！　自分のことを伝えるときと何が違うのかも確認しよう！

BASIC ▷ 1. 音を聞いて音の順番にことばを並べかえよう！
最初にくるアルファベットも小文字で書いてあるよ！

① (spiders / does not like / my cousin).

No.19

ぼくのいとこはクモが嫌いです。

_____

_____

spiders

「○○しない」というときに使った"do not"が"does not"になっているよ！

「ぼくのいとこ」は"my cousin"というよ！

② (my brother / mathematics / very hard / studies).

私の兄(弟)は算数を一生懸命勉強します。

_____

_____

_____

_____

study

③ (play / my father / sports / doesn't).

ぼくの父はスポーツをしません。

_____

_____

sports

"does not"も"don't"みたいに"doesn't"という書き方ができるニャ！　読み方はわかったかニャ？

4 (skirt / wants / my older sister / new / a).

ぼくの姉は新しいスカートをほしがっています。

older sister

5 (my brother / a doctor / wants to be).

ぼくの兄（弟）は医者になりたがっています。

doctor

"want to be 〜"で「〜になりたい」だよ！

6 (in her room / many books / has / my aunt).

私のおばさんは部屋にたくさんの本を持っています。

many

7 (good video games / my uncle / have / does not).

ぼくのおじさんは面白いテレビゲームを持っていません。

uncle

55

❽ (very much / cute / my mother / animals / likes).

私の母はかわいい動物がとても好きです。

_____

_____

_____

_____

cute

「とても好き」の「とても」は"very much"というよ！

❾ (beautiful flowers / grows / my grandmother / many).

私のおばあちゃんはたくさんの美しい花を育てています。

_____

_____

_____

_____

beautiful

❿ (like / my parents / strong coffee).

私の両親は濃いコーヒーが好きです。

_____

_____

_____

"my parents"という風に複数になると
"likes"ではなくて"like"になっているよ！
確認しよう！

"strong coffee"は「濃いコーヒー」の
意味だよ！　同じことばでも使い方によって
意味が変わるんだよ！

各エレメントの役割の確認

No.20

ここまでで全部の
エレメントが出てきたニャ！
ここでおさらいするニャ！

この火と雲が文の中心になるニャ！
「火と雲が世界を創る」とイメージするニャ！

火は単数と複数の
区別があったね！
「火は分裂する」って
覚えようね

雲は様々なかたちに
変化するよ！
「雲はかたちを変える」って
覚えようね

am is are

「〜ではない」っていう
ときには"do not"と
組み合わせたりしたニャ！

火と雲をちゃんと使いこなすことが
正しい英文を書く鍵なのニャ！

この木と水が文を
くわしく伝えるニャ！
「木と水が豊かに彩る」と
イメージするニャ！

木は火を
くわしく伝えるんだったね。
「火は木があるともっと
燃える」んだよ！

水は雲や木をくわしく伝えるよ！
「水があると雲も木も大きく育つ」
って覚えてね！

でも、水で火は
くわしく伝えられないよ！
「水をかけると火は消えちゃう」
からね！

この4つのエレメントが英文を作っていくのニャ！
ことばに備わったエレメントのイメージを持って
上手に組み合わせるのニャー！

① お母さん は バスケットボール が 好きです 。

My mother likes basketball.

 イメージでわかる！

 お母さん

 好き

 バスケットボール

② 兄（弟） は 新しいテレビゲーム を 欲しがっています 。

My brother wants a new video game.

イメージでわかる！

 兄

 欲しい

  （1つの）新しいテレビゲーム

③ おばあちゃん は 緑色 が とても 好きです 。

My grandmother likes green very much.

イメージでわかる！

 おばあちゃん

 好き

 緑色

 とても

④ お姉ちゃん は 7時に 学校に行きます 。

彼女 は 学校で 英語 を とても一生懸命に

勉強しています 。

私 は 彼女のこと が とても 好きです 。

雲のうしろでは
"she"は"her"という
かたちになるニャ！
"he"の場合には
"him"になるんニャよ！

きれいな発音

きれいな発音で英語が話せたらなぁ、って思ったことあるかな？
それともきれいな発音で英語を話すなんてなんかはずかしいって思うかな？

でも、もしできるならステキに話してみたいよね。

きれいな発音で英語を話すコツを教えるね。

英語の発音上達のポイントは「音をまねる」ことよりも「口のかたちと舌の
うごき」をまねることなんだ。

でも、舌のうごきなんて見えないよね。だからまずは口のうごかし方をま
ねしてみて。もし外国人の先生が身近にいるならその先生の口がどううごい
ているかに注目して、その口をまねして英語を話してみてごらん。発音がき
れいになっていくよ。

もちろんすぐにはできるようにならないよ。発音の練習は自転車とか逆あ
がりの練習みたいなものなんだ。口が英語のことばのうごきに慣れるまで
には時間がかかるんだって思ってね。焦らずにゆっくりいけばいいんだ。

Lesson 9

家族を紹介しよう！
自分のことばで書いてみよう

ここまで学んだ内容を生かして家族の紹介を書いてみよう！

BASIC 〉 1. 音を聞いて音の順番にことばを並べかえよう！
最初にくるアルファベットも小文字になっているよ！

1 (this / father / is / my).

🔊 No.21

こちらが私の父親です。

_____

"my"の位置を間違えずに書けたかな？

2 (is / his / Satoshi / name).

彼の名前はサトシです。

_____

「彼の名前」って英語でどう書くんだったかな？

3 (kind / he / is).

彼はやさしいです。

_____

kind

火＝木というかたちの文だよ！

④ (very / he / hard / works).
彼はとても一生懸命働きます。

_____

_____

_____

very hard

"work（＝働く）"が"works"と変化していることを確認しようね！

⑤ (he / baseball / likes).
彼は野球が好きです。

_____

_____

_____

⑥ (practices / he / every / baseball / weekend).
彼は毎週末野球の練習をしています。

_____

_____

_____

_____

_____

"s"にちゃんと
注目してるかな？

⑦ (much / I / him / very / like).
私は彼のことがとても好きです。

_____

_____

「とても好き」の「とても」は
どういえばよかったかな？
④で"work"を伝える場合
には何を使っていたか
確認してね！

どうだったかニャ？
じゃあ、今度は君の
家族を紹介して
ほしいニャ！

1 誰の紹介をしてくれるのかな？

ヒント： こちら（これ） ＝ ○○ .

音声の英文は、あくまで例・ヒントだニャ。自分なりに書いてみるニャ！

No.22

_____

_____

_____

_____

今までに習ったかたちを生かして書く意識が大切ニャ！

2 紹介してくれる家族の名前を教えて！

ヒント： 彼の（彼女の）名前 ＝ ○○ .

_____

_____

_____

_____

「彼の（彼女の）名前」は英語でなんていうんだったかな？

3 その家族はどんな人かな？

ヒント： 🔥 ＝ 👾

書ききれなかったら、音声を止めて、書いてみてね。

_____

_____

_____

_____

be の働き、しっかり確認してね！

わからニャい!?
Lesson 6 ニャ！

4 その家族について少なくとも 3 つ教えて！

ヒント： その人は働いているのかな？
その人は何が好きなのかな？
その人は週末どんなことをするのかな？
その人はどんな勉強をしているのかな？
その人は何か楽器を演奏するかな？

困ったらLesson 7 と
Lesson 8 ニャ！

_____

_____

_____

_____

_____
_____
_____
_____
_____

5 君はその人のことをどう思っているのかな？
_____
_____
_____
_____

「大好き／とても好き」って書くときには何を使えばよかったんだっけ？

Challenge

6 こんなときどうする？

「これがぼくの父親のサトシです」って一度に言いたいときにはどうしたらいいニャ？

"This is my father, Satoshi." って言えちゃうよ！

・書いてみよう！
_____
_____
_____

7 こんなときどうする？

「彼は毎週末〜をします」じゃニャくて「彼は時間があるとき〜します」って言いたいニャ！

"in his free time"って言うんだよ！「彼は時間があるときはテレビゲームをします」なら、"He plays video games in his free time."となるんだよ！

・書いてみよう！
_____
_____
_____
_____
_____

ことばの順番②

ここではことばの順番についてもう少し説明しておくね。
「エレメントの並び順」がミライにどんな名前でみんなの前にあらわれるのか、さらにレベルアップして知っちゃおう。

① 火 雲

→火が雲の動きをまねているこの型を 第1文型 というんだ。【火が雲の動きをする】というのがきほんの意味だよ。

② 火 雲(=) 火 ／ 火 雲(=) 木

→雲がイコールの働きをするこの型を 第2文型 というんだ。【火と火／木がイコールの関係でむすばれている】というのがきほんの意味になるよ。

③ 火 雲 火

→雲がうしろの火に働きかけているこの型を 第3文型 というんだよ。【(最初の)火がする雲の動きが(雲のうしろの)火に届く】というのがきほんの意味になるよ。

むずかしいね！　でも、こういうこともすこーしだけ知っておくとミライで役に立つかも！

CHAPTER 3

友^{とも}だちや先^{せん}生^{せい}の ことをはなそう

ソウタ君^{くん}の友^{とも}だち紹^{しょう}介^{かい}を聞^きいてみよう

Hello.

This is my friend, Takeshi.

He and I are classmates.

We often play together.

Takeshi likes soccer very much.

He can play soccer very well.

We play soccer together in the schoolyard.

Also, he can speak English well.

He studies English very hard.

We go to cram school together.

He sometimes teaches English to me.

He is my good friend.

Thank you.

No.23

今^{こん}回^{かい}は、これが書^かけて
言^いえるようになるのが
目^{もく}標^{ひょう}なのニャ！

Lesson 10 友だちや先生のことを伝えよう！
一緒に何かをするときの表現を知ろう

学校の友だちや先生のことを伝える表現を学ぼう！
友だちや先生と一緒に何かをするときはどんな風に
言えばいいかな。確認してみよう！

BASIC 〉 1. 音を聞いて音の順番にことばを並べかえよう！
最初にくるアルファベットも小文字で書いてあるよ！

1 (he / my / is / friend / good).
彼はぼくの仲のいい友だちです。

No.24

friend

　"good"の位置、間違えなかったかな？

2 (are / my / friend / best / you).
あなたは私の親友です。

best

"you"は「君／あなた」という意味だよ！

"you"を使うときにはボクが"am"や"is"じゃなくて
"are"というかたちに変化しているよ！　注目して！

ありがとね！

3 (Jun / in the music room / the piano / plays).
ジュンは音楽室でピアノをひきます。

"in the music room"で「音楽室で」という意味だよ！
「教室で」なら"in the classroom"って言うんだ！

4 (classmates / and I / are / Miki).

ミキと私は同級生（クラスメイト）です。

classmates

「〇〇と私」っていうときには"〇〇 and I"ニャ！
「私と〇〇」って言いたいときも"〇〇 and I"ニャ！
つまり、"I"はいつもあとに置くってことだニャ！

複数のことばと一緒に
使うときにも、ボクは
"are"のかたちになるよ

5 (together / we / mathematics / study / at cram school).

私たちは塾で算数を一緒に勉強しています。

study

"together"は「一緒に」という意味だよ

「私たち（ぼくたち）」は"we"って言うんだよ！

mathematics

6 (often / in the schoolyard / we / together / play).

私たちはよく校庭で一緒に遊びます。

"often"は「よく（ひんぱんに）」を意味するよ！
「ときどき」だったら"sometimes"で、
「いつも」だったら"always"だよ！

"in the schoolyard"は
「校庭で」という意味ニャ！

7 (English / is / an / teacher/ John).

ジョンは英語の先生です。

_____

_____

_____

teacher

8 (are / and / kind / John / Mr. Yamashita / very).

山下先生とジョンはとてもやさしいです。

_____

_____

_____

"very"が"kind"を強めているね！

"Mr. Yamashita"は「山下さん」の意味でも使うよ！

9 (teaches / Mrs. Sato / to us / social studies).

佐藤先生は私たちに社会を教えてくれます。

_____

_____

_____

_____

teach

"social studies"は「社会科」の意味だよ

「私たちに」は"to us"と言うよ！　「私に」だったら"to me"と言うんだ

10 (very well / knows / our teacher / many things).

私たちの先生はいろいろなことをとてもよく知っています。

_____

_____

_____

_____

know

「私たちの〇〇」は"our 〇〇"と言うよ！
「あなたの〇〇」ならば"your 〇〇"を使うんだ。"my 〇〇"と同じ使い方だね！

No.25

火に合わせた雲のかたちをまとめよう！

	be（＝）	"be"以外
I	am	そのままのかたち
you	are	そのままのかたち
he/she/this など "I"と"you"以外の 単数	is	s または es がつく
複数	are	そのままのかたち

火　　　　　　　　　　　雲

火にあわせて雲が変わる

単数

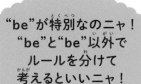

複数

"be"が特別なのニャ！
"be"と"be"以外で
ルールを分けて
考えるといいニャ！

① 私たち は 一緒に いろいろなテレビゲーム を します 。

We play many video games together.

イメージで わかる！

私たち　する　いろいろなテレビゲーム　一緒に

② マキと私 は いつも 一緒に 学校に行きます 。

Maki and I always go to

school together.

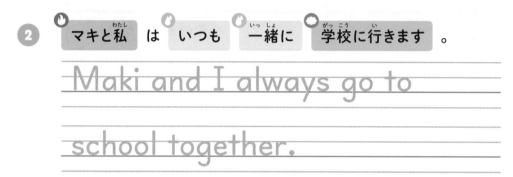

イメージで わかる！

マキと私　いつも　学校に行く　一緒に

③ 私と田中先生 は ときどき 昼食 を 一緒に 食べます 。

Mr. Tanaka and I sometimes

have lunch together.

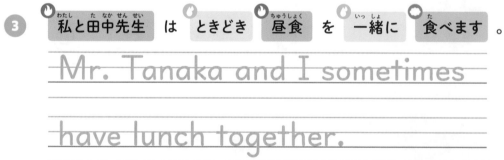

イメージで わかる！

"I"をうしろに置くの、忘れなかったかな？

私と田中先生　ときどき　食べる　昼食　一緒に

④ サキと私 は 仲の良い友だち です 。

私たち は よく 一緒に 校庭で 遊びます 。

また 、 私たち は 音楽室で よく 一緒に

ピアノをひきます 。

私たち は いつも 一緒に 帰ります 。

「また／〇〇も」は
"also"って言うんだよ

今まで学んできたことの
組み合わせでこんなにたくさんの
ことが書けるのニャ！
ちゃんと復習するんニャよ！

Lesson 11 友だちや先生の得意なことを説明しよう！
できることを伝える表現を知ろう

君の友だちはどんなことが得意かな？　君の先生の特技はなんだろう？　みんなでできることはあるかな？　逆にできないことは？　「できる」を伝える表現を知ろう！

BASIC 〉 1. 音を聞いて音の順番にことばを並べかえよう！
最初にくるアルファベットも小文字で書いてあるよ！

① (the guitar / can play / Takashi).

No.26

タカシはギターをひくことができます。

_____

_____

_____

 「〇〇ができる」というときにはボクの前に"can"をつけるよ！

② (can / fast / run / Yuko).

ユウコははやく走れます。

_____

_____

run

 "fast"は「はやく」の意味だよ！

 ちなみに、「泳ぐ」は"swim"だニャ！

swim

③ (Masaru / cookies / bake / can't).

マサルはクッキーを焼くことができません。

_____

_____

bake

 「〇〇できない」というときには"can't"をボクの前につけるよ！

 "can't"は"cannot"を短縮したものなのニャ！

4 (a picture / Ms. Sugimura / draw / can / well).

杉村先生は絵を上手に描けます。

draw

5 (English / can / we / very / speak / well).

私たちは英語をとても上手にはなせます。

ペラペラ ペラペラ
ペラペラ ペラペラ

speak

"can"の使い方、慣れてきたかな？

6 (play / can / our headmaster / volleyball).

私たちの校長先生はバレーボールができます。

headmaster

volleyball

7 (is good at / Kenji / cooking).

ケンジは料理が得意です。

cooking

"be good at ○○"で「○○が得意です」という意味になるのニャ！

8 (and / are / Hiroto / good / I / at / not / P.E).

ヒロトと私は体育が得意ではありません。

P.E.

"not"の位置、間違えなかったかな？

9 (well / can / we / English / write / very).

私たちは英語をとても上手に書くことができます。

write

10 (can / unicycle / ride / Yuichi / a).

ユウイチは一輪車に乗れます。

unicycle

「一輪車」は"unicycle"というよ！

① 私たち は サッカー を 校庭で 一緒に することができます。

We can play soccer together in the schoolyard.

No.27

私たち　することができる　サッカー　一緒に　　　　校庭で

雲を助けるdoとcan

doやcanは
ボクを助けてくれる
ことばなんだよ

ここまでに出てきた
雲を助けることばを
確認するニャ！

【do】

・notと一緒に雲の前にきて「〇〇ではない」という意味を加える。

だめ！

・雲に "s" や "es" がつく場合にはdoに代わりにつける。

es

ありがとう

77

【can】
・雲の前にきて
　「○○できる」という意味を加える。

オー！

オー！
できるできる！

・notと一緒に雲の前にきて
　「○○できない」という意味を加える。

できない・・・
むりだ・・・

・canが前についたときも
　雲は「もとのかたち」になる。

ボクが守るから
きみはそのままで
いいよ！

ありのままが
いいの？

ボクらを上手に組み合わせて
表現できることを増やしてね！

doとcanを使うと
相手に質問する表現も
できちゃうんニャけど、
それはまたの話ニャ！！

2　ユウト　は　テニス　が　得意です　。

Yuto is good at tennis.

イメージでわかる！

ユウト

得意

テニス

"be good at ○○"はまとめて
雲のエレメントだと考えちゃうと良いニャ！

3 カナ は とてもはやく 泳げます 。

Kana can swim very fast.

イメージでわかる！

カナ

泳げる

とてもはやく

Challenge

4 私たちの先生 は 野球 を とても上手に することができます 。 彼 は サッカー も とても上手に することができます 。 彼 は スポーツ が 得意です 。

さぁ、これでいろいろなことが書けるようになったニャ！
次のLessonで自分のことばで書いてみるニャ！
大丈夫！ You can do it!なのニャ!!

Lesson 12 友だちや先生を紹介しよう！
自分のことばで書いてみよう

ここまで学んだ内容を生かして友だちや先生の紹介を書いてみよう！

BASIC 〉 1. 音を聞いて音の順番にことばを並べかえよう！
最初にくるアルファベットも小文字になっているよ！

1 (my / is / friend, / Takeshi / this).   No.28
これが私の友人のタケシです。

_____
_____
_____

この書き方、覚えてるかニャ？　Lesson 9で学んだニャ！

2 (and / are / he / classmates / I).
私と彼はクラスメイトです。

_____
_____
_____

 "he and I"の順番で書けたかな？

3 (together / we / play / often).
私たちはよく一緒に遊びます。

_____
_____
_____

 ボクを上手に使えてるかな？

4 (very / Takeshi / much / soccer / likes).
タケシはサッカーがとても好きです。

_____
_____
_____

5 (can / well / soccer / he / very / play).
彼はサッカーをとても上手にできます。

_____
_____
_____

6 (play / we / together / in the schoolyard / soccer).
私たちは校庭でサッカーを一緒にします。

_____
_____
_____
_____
_____

"we"のときには"s"はつかないね

7 (speak / he / English / can / well / also,).
また、彼は英語を上手に話せます。

_____
_____
_____
_____
_____

 「また／〇〇も」というような意味を表す"also"は使えるようになったかな？

8 (hard / he / English / very / studies).

彼は英語をとても一生懸命勉強します。

_____

_____

_____

study

9 (to cram school / go / we / together).

私たちは一緒に塾に通っています。

_____

_____

_____

_____

go to cram
school

10 (sometimes / he / English / to me / teaches).

彼はときどき私に英語を教えてくれます。

_____

_____

_____

_____

_____

11 (is / he / good / my / friend).

彼は私の仲の良い友だちです。

_____

_____

_____

friend

どうだったかニャ？
じゃあ、今度は君の友だちや先生を
紹介してほしいニャ！

82

1 誰の紹介をしてくれるのかな？

音声の英文は、あくまで
例・ヒントだニャ。

No.29

_____

_____

_____

2 その人と一緒によく何をするのか教えて！　または、その人ってどんな人？

_____

_____

_____

_____

_____

_____

_____

「よく（ひんぱんに）」はなんて言うんだったかな

「同級生」って言えるかな？

3 その人はどんなことが好きなのかな？

_____

_____

_____

_____

「とても好き」という場合の「とても」って、なんていうんだったかニャ？

4 その人の特技や得意なことを少なくとも3つ教えて！

ヒント：その人は運動は得意かな？
　　　　その人は足ははやい？
　　　　その人は泳げたりする？
　　　　その人は何か得意な科目があるかな？
　　　　その人と君がときどき一緒にすることってある？

困ったらLesson 10と
Lesson 11ニャ！

_____

_____

_____

_____

_____

_____

_____

_____

_____

_____

5 君はその人のことをどう思っているのかな？

_____

_____

_____

「仲のよい友だち」ってなんて言うんだったっけ？

Challenge

さぁ、これで最後ニャ！
自分で下の2つにチャレンジしてみるニャ！

6 家族が「得意なこと」言えるかニャ？

家族も友だちや先生を
紹介したときと同じように
考えればいいね！

_____

_____

"you"を使えば友だちに
手紙も書けるね！

7 自分の「できること」言えるかニャ？

"I"ではじめてあげれば
できちゃうはずだね！

_____

_____

何もできニャい!? 何言ってるニャ！
今なら少なくとも"I can write English
very well."って言えるはずニャ!!

大人の英語の問題

今回はみんなのお父さん・お母さんがとく英語の問題にチャレンジしてみよう！　下の問題を見てみよう。

Mr. Monk -------- declined the dinner invitation, as he had a prior obligation at the Scattman Museum.

(A) respectful
(B) respectfully
(C) respective
(D) respects

　これは大人が受けるTOEICというテストのような問題なんだ。どれが答えかわかるかな…むずかしいね。でも、この本で学んだことを生かしてこうしてみたらどうだろう。

Mr. Monk ------- declined the dinner invitation , as he had a prior obligation at the Scattman Museum.

(A) respectful 🌱
(B) respectfully 🔥
(C) respective 🌱
(D) respects ⭕

エレメントで考えると…

🔥 ------- ☁ 🔥

　もう火はあるし、うしろには雲がある…そうだね、ここには雲を強める水が入ればいいね。だから(B)が正解だ！　大人のとく英語の問題がとけちゃったね！こんな風に今の勉強は大人になっても役立つってことを知っておいてね。

この本にでてくる主な単語・語句

火のエレメント

a dog
犬
P.14

a lesson
授業
P.15

a student
生徒・学生
P.16

an egg
たまご
P.14

animals (animal)
動物

apples(apple)
リンゴ
P.14

aunt
おば
P.36

beautician
美容師
P.37

breakfast
朝食
P.14

books(book)
本
P.55

cars
車
P.14

carpenter
大工
P.38

classmates
クラスメイト
P.69

colors(color)
色
P.14

comedian
お笑い芸人
P.38

cook
コックさん
P.38

cooking
料理(をすること)
P.76

dentist
歯医者
P.38

doctor
医者(女性)
P.37

English
英語
P.70, 75, 81

farmer
農家
P.37

father
父親
P.36

friends (friend)
友だち
P.14

grandfather
おじいちゃん
P.36

grandmother
おばあさん
P.14

green
緑
P.24

headmaster	her name	his name
こうちょうせんせい 校長先生 P.75	かのじょ　なまえ 彼女の名前 P.34	かれ　なまえ 彼の名前 P.34

home	homework	insects (insect)
いえ 家 P.14	しゅくだい 宿題 P.20, 50	むし 虫 P.15

Japan	kisses(kiss)	koalas(koala)
にほん 日本 P.15	キス P.15	コアラ

lawyer	library	mathematics
べんごし 弁護士 P.38	としょかん 図書館	さんすう 算数 P.69

morning	mother	noon
あさ 朝 P.23, 32, 50	かあ お母さん P.15	ひる　じ 昼の12時 P.15

nurse	offices	office worker
かんごし　だんせい 看護師(男性) P.37	かいしゃ 会社で	ビジネスパーソン P.37

older sisiter	onions(onion)	P.E
あね 姉 P.36	たまねぎ P.15	たいいく 体育 P.76

peaches (peach)	pop idol	programmer
もも 桃 P.15	かしゅ アイドル歌手 P.38	プログラマー P.37

quizzes(quiz)	rice	running
クイズ P.15	こめ 米	はし 走ること・ランニング P.15

scientist	spiders (spider)	sports(sport)
かがくしゃ 科学者 P.38	クモ P.54	スポーツ P.54

teacher 先生 P.37	tennis テニス P.16	textbook 教科書 P.37
uncle おじさん P.16	unicycle 一輪車 P.76	university 大学
vegetables (vegetable) 野菜 P.16	vet 獣医 P.38	video games テレビゲーム P.55, 65, 72
volleyball バレーボール P.75	water 水 P.16	xylophone 木琴 P.16
yogurt ヨーグルト P.16	younger brother 弟 P.36	zero ゼロ・0 P.16
雲のエレメント	bake 焼く P.74	do homework 宿題をする P.20
do not like 嫌い P.24	draw 絵を描く P.74	get up 起きる P.19
go home 帰宅する P.19	go to bed 寝る P.20	go to cram school 塾に行く P.19
go to school 学校へ行く P.19	grow 育てる	have dinnner 夕食をとる P.20
have lunch 昼食をとる P.19	know 知っている P.70	like 好き P.24

play tennis

テニスをする
P.20

practice tennis

テニスを練習する
P.50

ride

乗る
P.76

run

走る
P.74

speak

話す
P.75

study

勉強する
P.54, 69

swim

泳ぐ
P.74

take dancing lesson

ダンスを習う
P.20

teach

教える
P.70

walk a dog

犬の散歩をする
P.19

wear

着る
P.34

write

書く
P.76

木のエレメント

active

活発
P.43

angry

怒っている
P.43

bad

悪い
P.27

beautiful

うつくしい
P.25

best

最高の
P.68

big

おおきい
P.25

busy

忙しい
P.42

cheerful

明るい
P.44

cute

かわいい
P.56

fat

太っている
P.26

funny

おもしろい
P.44

good

良い
P.27

happy

幸福な／ハッピーな
P.25

heavy

重い
P.27

kind

やさしい
P.25

light

軽い
P.27

long

長い
P.27

many たくさん P.55	new あたらしい P.27	noisy うるさい P.43
old 古い P.27	old 年をとっている P.27	sad かなしい P.26
short 背が低い P.27	short 短い P.27	sick 具合が悪い P.43
sour すっぱい P.25	strict 厳しい／厳格な P.44	strong 強い P.27
tall 背が高い P.27	thin やせている P.26	tired 疲れている P.42
weak 弱い P.27	young 若い P.27	

水のエレメント

at school 学校で P.50	early 早く P.50
hard 一生懸命に P.53	in the office 会社で P.48	late 遅く P.49
very hard とても一生懸命に P.53, 63		

ANSWER

答え

答えを見て、ちゃんと
語句や英文が書けたか
確認してニャ!

Lesson 1 自分の名前を伝えよう！
いろいろなものの名前を知ろう

身の回りにあるものは英語でなんと言うのかな？
いろいろなものの名前を知ろう！

BASIC 1. 音を聞いて、アルファベットを並べかえてことばを完成させよう！

1 A / a
(le / pp / a / s)
apples

たくさんあるうしろに"s"がつくよ！

2 B / b
(fast / break)
breakfast

3 C / c
(lor / s / co)
colors

4 D / d
(dog / a)
a dog

ひとつのものには"a"を最初につけるよ！

5 E / e
(egg / an)
an egg

6 F / f
(end / s / fri)
friends

"a"が"an"になるものもあるよ！

7 G / g
(mo / grand / ther)
grandmother

8 H / h
(me / ho)
home

9 I / i
(s / in / sect)
insects

10 J / j
(pan / Ja)
Japan

世界にひとつしかないものは、はじめの文字が大文字になるよ！

11 K / k
(ss / ki / es)
kisses

12 L / l
(les / a / son)
a lesson

たくさんあるときにつく"s"は"es"になることもあるよ！

13 M / m
(ther / mo)
mother

14 N / n
(on / no)
noon

15 O / o
(on / s / oni)
onions

16 P / p
(es / ch / pea)
peaches

17 Q / q
(zz / qui / es)
quizzes

ピンポ〜ン

18 R / r
(ning / run)
running

19 S / s
(dent / a / stu)
a student

20 T / t
(nis / ten)
tennis

21 U / u
(cle / un)
uncle

22 V / v
(ge / ta / ble / ve / s)
vegetables

23 W / w
(ter / wa)
water

24 X / x
(phone / xylo)
xylophone

25 Y / y
(gur / yo / t)
yogurt

26 Z / z
(ro / ze)
zero

Let's try! 2. 自分の名前を書いてみよう！

1 ぼく は タカシ です。

I am Takashi.

ぼく ＝ タカシ

"be"は"I"のうしろでは"am"というかたちになるニャ！

「○○は○○です」

"be"は「＝」の意味合いを表すことができるんだよ

いきなり出てきた…

火と火を組み合わせると火がもっと大きくなるんだね！

パワーアップ！

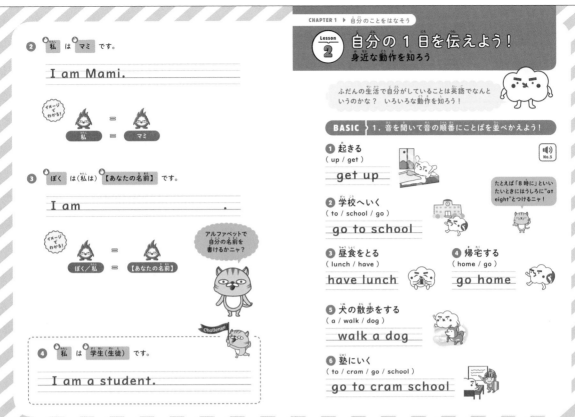

② 私 は マミ です。

I am Mami.

イメージでわかる！ 私 ＝ マミ

③ ぼく は（私は） 【あなたの名前】 です。

I am ___ .

イメージでわかる！ ぼく／私 ＝ 【あなたの名前】

アルファベットで自分の名前を書けるかニャ？

Challenge!

④ 私 は 学生（生徒） です。

I am a student.

Lesson 2 自分の1日を伝えよう！
身近な動作を知ろう

ふだんの生活で自分がしていることは英語でなんというのかな？ いろいろな動作を知ろう！

BASIC 1. 音を聞いて音の順番にことばを並べかえよう！

① 起きる (up / get) **get up**

たとえば「8時に」といいたいときにはうしろに"at eight"とつけるニャ！

② 学校へいく (to / school / go) **go to school**

③ 昼食をとる (lunch / have) **have lunch**

④ 帰宅する (home / go) **go home**

⑤ 犬の散歩をする (a / walk / dog) **walk a dog**

⑥ 塾にいく (to / cram / go / school) **go to cram school**

18　19

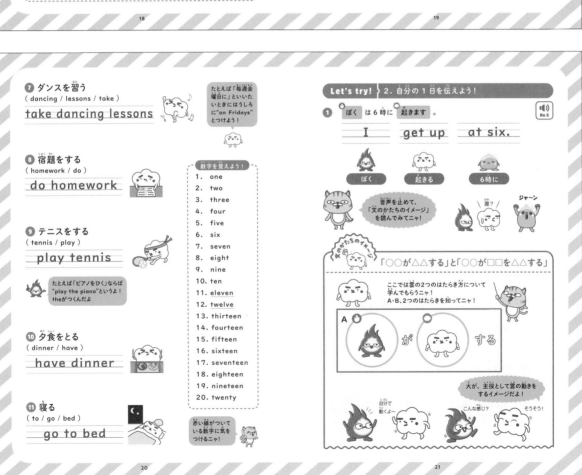

⑦ ダンスを習う (dancing / lessons / take) **take dancing lessons**

たとえば「毎週金曜日に」といいたいときにはうしろに"on Fridays"とつけよう！

⑧ 宿題をする (homework / do) **do homework**

⑨ テニスをする (tennis / play) **play tennis**

たとえば「ピアノをひく」ならば"play the piano"というよ！theがつくんだよ

⑩ 夕食をとる (dinner / have) **have dinner**

⑪ 寝る (to / go / bed) **go to bed**

赤い線がついている数字に気をつけるニャ！

数字を覚えよう！
1. one
2. two
3. three
4. four
5. five
6. six
7. seven
8. eight
9. nine
10. ten
11. eleven
12. twelve
13. thirteen
14. fourteen
15. fifteen
16. sixteen
17. seventeen
18. eighteen
19. nineteen
20. twenty

Let's try! 2. 自分の1日を伝えよう！

① ぼく は 6時に 起きます。

I get up at six.

ぼく　起きる　6時に

音声を止めて、「文のかたちのイメージ」を読んでみてニャ！

誰？　ジャーン

文のかたちのイメージ

「○○が△△する」と「○○が□□を△△する」

ここでは雲の2つのはたらき方について学んでもらうニャ！A・B、2つのはたらきを知ってニャ！

A　　が　　する

火が、主役として雲の動きをするイメージだよ！

自分で動くよ〜　こんな感じ？　そうそう！

20　21

Left spread (pages 22-23)

B

○ が ○ を ○ する

届くかな… / なあに？ / ?

えい！ / 嫌いないから… / 嫌いないから…

雲のうしろの火は雲の動きの的になるイメージだよ！

この2種類の雲の動きがあることを知っておいてニャ！

22

② 私 は8時に 学校に行きます 。

I go to school at eight.

イメージでわかる！ 私 / 学校に行く / 8時に

「朝の8時に」は"at eight in the morning"というよ！

③ ぼく は（私は）毎週金曜日に ピアノ を ひきます 。

I play the piano on Fridays.

イメージでわかる！ ぼく／私 / ひく / ピアノ / 毎週金曜日に

毎日だったら"every day"を氷の位置に入れるよ！

だから誰なの…

Challenge

④ 私 は ネコ を 飼っています 。

I have a cat.

have は「持つ」／「食べる」／「飼う」などいろいろな意味で使えるよ！

23

Bottom spread (pages 24-25)

CHAPTER 1 ▶ 自分のことをはなそう

Lesson 3

自分のいろいろなことを伝えよう！
くわしく伝える表現を知ろう

君はどんなものが好きかな、嫌いかな？ どんなものがほしいかな？ 君のこと、くわしく伝えてみよう！

BASIC 1. 音を聞いて音の順番にことばを並べかえよう！

① (like / I / grapes).
私はブドウが好きです。

音声が聞き取れなかったら、もう一度音声を聞いてみてニャ！

No.7

I like grapes.

like

② (mushrooms / do not like / I).
ぼくはキノコが嫌いです。

I do not like mushrooms.

do not like

"do not"は"don't"とも書けるニャ！

"do not"と"don't"で読み方がどんな風に変わるのかも確認してみよう！！

③ (don't / I / green peppers / like).
私はピーマンが嫌いです。

I don't like green peppers.

green

"don't"の読み方、わかったかニャ？

24

④ (flowers / want / I / beautiful).
私はきれいな花がほしいです。

I want beautiful flowers.

beautiful

一度で書き取れなくても大丈夫ニャ。音声を戻して、取り組んでみてニャ！

⑤ (I / want / oranges / sour / don't).
ぼくはすっぱいオレンジはほしくありません。

I don't want sour oranges.

sour

⑥ (have / a / brother / kind / I).
私にはやさしい兄（弟）がいます。

I have a kind brother.

kind

⑦ (have / big / I / don't / a / dog).
ぼくは大きな犬を飼っていません。

I don't have a big dog.

big

たとえば「（一匹の）小さいネコ」と言いたいときには"a small cat"と言うんだよ！

⑧ (happy / I / songs / like).
私は楽しい歌が好きです。

I like happy songs.

happy

25

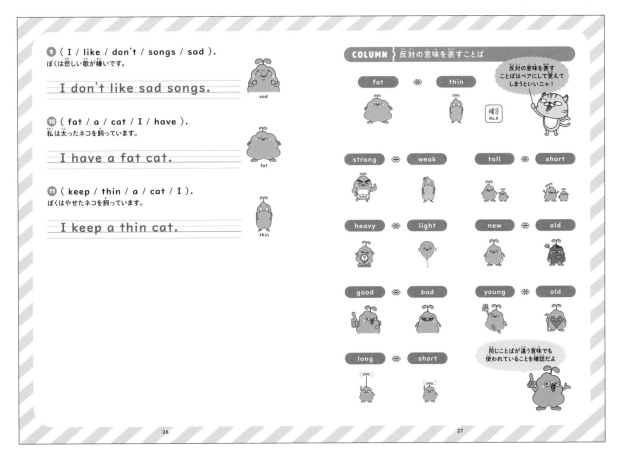

⑨ (I / like / don't / songs / sad).
ぼくは悲しい歌が嫌いです。

I don't like sad songs.

sad

⑩ (fat / a / cat / I / have).
私は太ったネコを飼っています。

I have a fat cat.

fat

⑪ (keep / thin / a / cat / I).
ぼくはやせたネコを飼っています。

I keep a thin cat.

thin

COLUMN 反対の意味を表すことば

反対の意味を表すことばはペアにして覚えてしまうといいニャ！

fat ⇔ thin　No.8

strong ⇔ weak　　tall ⇔ short

heavy ⇔ light　　new ⇔ old

good ⇔ bad　　young ⇔ old

long ⇔ short

同じことばが違う意味でも使われていることを確認だよ

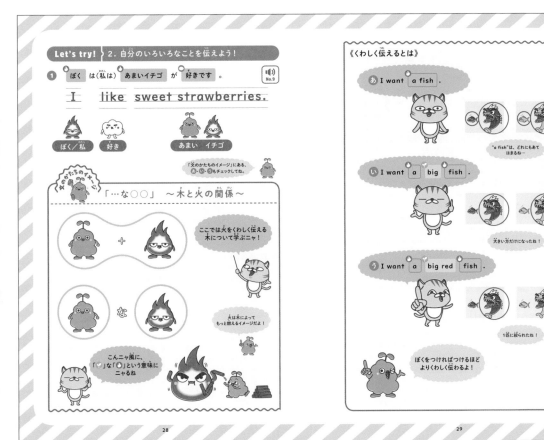

Let's try!　2. 自分のいろいろなことを伝えよう！

① ぼく は（私は）　あまいイチゴ　が　好きです　。　No.9

I like sweet strawberries.

ぼく／私　好き　あまい　イチゴ

「文のかたちのイメージ」にある、あ・い・うもチェックしてね。

文のかたちのイメージ

「…な○○」　～木と火の関係～

ここでは火をくわしく伝える木について学ぶニャ！

火は木によってもっと燃えるイメージだよ！

な

こんなニャ風に、「火」な「○」という意味にニャるね

《くわしく伝えるとは》

あ I want a fish .

"a fish"は、どれにもあてはまるね…

い I want a big fish .

大きい方だけになったね！

う I want a big red fish .

1匹に絞られたね！

ぼくをつければつけるほどよりくわしく伝わるよ！

② 私 は（ぼくは） 新しい靴 が 欲しいです 。

I want new shoes.

イメージでわかる！

私／ぼく　欲しい　新しい靴

木と火を合わせたらまとめて火と考えてね

③ ぼく は（私は） （一匹の）太ったネコ を 飼っています 。

I have a fat cat.

イメージでわかる！

ぼく／私　飼っている　（一匹の）太ったネコ

④ 私 は（ぼくは） きれいで小さな花 が 好きです 。

I like beautiful small flowers.

ぼくを連続して使うときには「並ぶ順番」があるんだ。少しずつ知っていってね！

30

ミ ラ イ ヘ ノ ト ビ ラ

ことばの順番

このコーナーではこれからみんなが出会うことになるミライの学びを少しだけ紹介しちゃおう。

4つのエレメントが文を作るとき、決まった順番で並んでいることに気付いたかな？　ミライで学ぶこの「順番」について少しだけ見てみよう。

この「ことばの順番」は「文型」というんだ。英語の文はこの文型、つまり「文の型のルール」にしたがってことばを並べることで伝わる文になるんだよ。

おっと、むずかしく考えちゃだめ。この文の型は全部で5種類しかないし（少なくとも高校生のお兄さんやお姉さんでも5種類しか知らないんだよ）、その5つのうち3つはもうここまでで学んじゃったんだ。

のこりの2つはいつかの楽しみにとっておくとして、まずは「ことばにはどうも並べる順番があるらしい」ということだけ知っておいてね。

I ぼく ≡ Takashi タカシ

be

31

Lesson 4　自己紹介をしよう！
自分のことばで書いてみよう

ここまで学んだ内容を生かして自己紹介を書いてみよう！

BASIC 1. 音を聞いて音の順番にことばを並べかえよう！

① (I / Sota / am).
ぼくはソウタです。

I am Sota.

火と火がイコールで結ばれているかたちだね！

② (I / tennis / like). No.10
ぼくはテニスが好きです。

I like tennis.

2つめの火が愛の的になっているかたちだね！

③ (every / play / tennis / I / day).
ぼくは毎日テニスをします。

「毎日」をどこに置くか、覚えてたかな？

I play tennis every day.

④ (dog / small / I / a / have).
ぼくは小さい犬を飼っています。

a dogをくわしく伝える木の使い方をチェックしよう！

I have a small dog.

⑤ (six / the / walk / dog / at / I / in / morning / the).
ぼくは朝6時にその犬を散歩します。

I walk the dog at six in the morning.

しっかり確認できたニャ？じゃあ、自分のことを書いてみるニャ！

32

※Let's try!の答えの英文は例です。

Let's try! 2. 自己紹介を書いてみよう！

① まずは君の名前を教えて！
ヒント：ぼく は（私は） ○○ です。

音声の英文は、あくまで例・ヒントだニャ。自分なりに書いてみるニャ！ No.11

I am　　　　　　　.

文のはじめの文字と、自分の名前の1文字目は、大文字で書くのを忘れちゃだめニャ！

困ったらLesson 1をもう一回見てみようね

② 君の好きなことを教えて！
ヒント：ぼく は（私は） ○○ が 好きです。

I like tennis. / I like grapes.

好きなものをくわしく伝えたいときにはどうすればいいんだっけ？

困ったらLesson 3を見てみるニャ！

③ 君の毎日することや毎週きまってすることを教えて！

I get up at six every day.

「毎日6時に起きる」の「6時に」ってなんて書けばいいんだっけ？

困ったらLesson 2を確認してみるニャ！

④ 君の持っているものや飼っているペットを教えて！
ヒント：ぼく は（私は） ○○ を 持っています（飼っています）。

I have a big dog.

「飼っている」はどうやって書いたらいいかな？

たしかLesson 2とLesson 3にヒントがあったはずニャ…

33

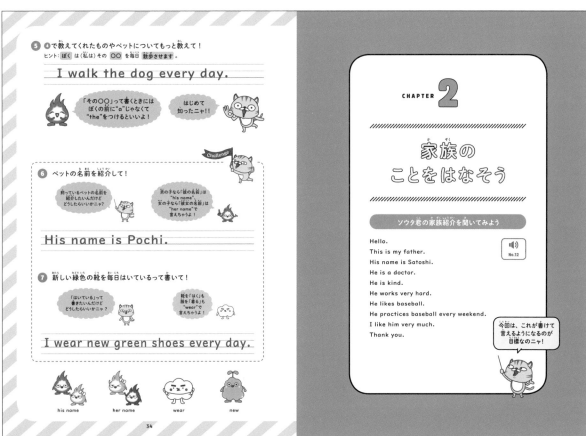

⑤ ④で教えてくれたものやペットについてもっと教えて！
ヒント： ぼく は（私は）その ○○ を毎日 散歩させます。

I walk the dog every day.

「その○○」って書くときにはぼくの前に"a"じゃなくて"the"をつけるといいよ！

はじめて知ったニャ!!

Challenge

⑥ ペットの名前を紹介して！

飼っているペットの名前を紹介したいんだけどどうしたらいいかニャ？

男の子なら「彼の名前」は"his name"、女の子なら「彼女の名前」は"her name"で言えちゃうよ！

His name is Pochi.

⑦ 新しい緑色の靴を毎日はいているって書いて！

「はいている」って書きたいんだけどどうしたらいいかニャ？

靴を「はく」も服を「着る」も"wear"で言えちゃうよ！

I wear new green shoes every day.

his name　her name　wear　new

34

CHAPTER **2**

家族の
ことをはなそう

ソウタ君の家族紹介を聞いてみよう

Hello.
This is my father.
His name is Satoshi.
He is a doctor.
He is kind.
He works very hard.
He likes baseball.
He practices baseball every weekend.
I like him very much.
Thank you.

No.12

今回は、これが書けて言えるようになるのが目標なのニャ！

Lesson **5**
家族関係を伝えよう！
家族の呼び方・仕事の名前を知ろう

お父さん、お母さん、おじいちゃん、おばあちゃんは、英語でなんて書けばいいのかな？　仕事の名前も見てみよう！

BASIC ＞ 1. 音を聞いてことばを確認したら書いてみよう！

●家族

No.13

① father
父親
father

② mother
母親
mother

③ grandfather
おじいちゃん
grandfather

"grandmother"なら「おばあちゃん」だよ

uncle
おじ

④ older sister
お姉ちゃん
older sister

aunt
おば

⑤ younger brother
弟
younger brother

他にもいろいろあるニャ！

"older"は「年上の」、"younger"は「年下の」なのニャ！

●仕事や身分の呼び方

⑥ office worker
会社員
office worker

⑦ doctor
医者
doctor

⑧ nurse
看護師
nurse

⑨ programmer
プログラマー
programmer

⑩ beautician
美容師
beautician

⑪ student
学生・生徒
student

⑫ farmer
農家
farmer

⑬ teacher
先生
teacher

36　　37

⑭ vet
獣医
vet

⑮ cook
コック
cook

dentist
歯医者

lawyer
弁護士

scientist
科学者

pop idol
アイドル歌手

carpenter
大工

comedian
お笑い芸人

いろんな仕事があるんだニャ～

Let's try! ▷ 2. 家族関係を伝えよう！

No.14

火のかたちのイメージ
「こちらは○○です」/「彼(彼女)は○○です」

Lesson 1で学んだこのかたちを使えば他の人を紹介することもできるニャ！

ボクが「＝」として働くことがあったの覚えてる？

① こちら は ぼくの父親 です。

This is my father.

"be"が"this"のうしろでは"is"というかたちになるニャ！

こちら ＝ ぼくの父親

「ぼくの」は"my"をつければいいんだよ

② 彼女 は 会社員 です。

She is an office worker.

"a"が"an"になっているね！

「彼」は"he"で「彼女」は"she"っていうニャ！

彼女 ＝ 会社員

火と火を合わせるイメージだったね！

③ こちら は 私の祖母 です。

This is my grandmother.

イメージでわかる！

こちら ＝ 私の祖母

④ 彼 は 看護師 です。

He is a nurse.

イメージでわかる！

彼 ＝ 看護師

Challenge!

⑤ こちら は 私の姉 です。彼女の名前 は エリカ です。彼女 は 美容師 です。

This is my older sister. Her name is Erika. She is a beautician.

「彼女の名前」は"her name"だったね！覚えていたかな？

たくさんの文が書けるようになってきたニャ～

Lesson 6 家族の様子や性格を伝えよう！
様子や気持ちを表すことばを知ろう

君の家族はどんな人かな？ 気持ちや様子を表すことばを使えるようになろう！

BASIC 1. 音を聞いて音の順番にことばを並べかえよう！

❶ (kind / My older sister / is).
私の姉はやさしいです。

My older sister is kind.

kind

❷ (is / He / tall).
彼は背が高いです。

He is tall.

tall

❸ (My father / tired / always / is).
お父さんはいつも疲れています。

My father is always tired.

tired

"always"は「いつも」という意味だよ！

❹ (is / My mother / busy).
お母さんは忙しいです。

My mother is busy.

busy

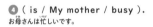

❺ (angry / My aunt / is / not).
おばさんは怒っていません。

My aunt is not angry.

angry

"is not"で「ではない」という意味になるよ！

❻ (is / My younger sister / today / sick).
私の妹は今日具合が悪いです。

My younger sister is sick today.

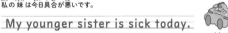
sick

❼ (is / active / My big brother).
ぼくの兄はとても活動的(活発)です。

My big brother is active.

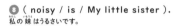
active

❽ (noisy / is / My little sister).
私の妹はうるさいです。

My little sister is noisy.

noisy

兄弟・姉妹の「年上」は"big"、「年下」は"little"でも表せるよ！

---

❾ (is / strict / not / My grandfather).
ぼくのおじいちゃんは厳しくありません。

My grandfather is not strict.

strict

❿ (grandmother / cheerful / My / is).
わたしのおばあちゃんは明るいです。

My grandmother is cheerful.

cheerful

⓫ (funny / uncle / is / My).
ぼくのおじさんは面白いです。

My uncle is funny.

funny

「おじさん」は"uncle"、「おばさん」は"aunt"だったね！

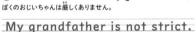

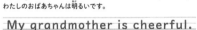

Let's try! 2. 家族の様子や性格を伝えよう！

「○○は□□です」

① 私の姉 は やさしい です。

My big sister is kind.

Lesson 1とLesson 5で出てきた文のかたちとおんなじニャね！

私の姉 ≡ やさしい

火を強める木の働きをしっかりイメージしてね！

パワーアップ！

ページ 46

② 私の父 は 背が高い です。

My father is tall.

イメージでわかる！
私の父 ＝ 背が高い

③ 私の母 は いつも 怒ってい ます。

My mother is always angry.

イメージでわかる！
私の母 ＝ いつも 怒っている

「いつも」はなんて言うんだっけ？

Challenge!

④ 私の兄 は 今日は 具合が悪い ようにみえます。

My brother looks sick today.

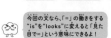
私の兄 （見た目で＝） 具合が悪い 今日

今回の文なら、「＝」の働きをする"is"を"looks"に変えると「見た目で＝」という意味にできるよ！

"looks"は「みえる」という意味の"look"に"s"がついたかたちニャ！ どんなときにsがつくかは次のLessonで確認ニャ！

ページ 47

ミライヘノトビラ

英語がキライ！

いきなりだけど、キミは英語、好きかな？
ボクははじめて英語を勉強したとき英語がとってもキライだったんだよね。だって、自分がふだん使っていることばとあまりにも違うし、覚えることもたくさんあるし…英語を勉強しても意味ないって思っていたんだ。

でも、はじめて英語で外国の人と話した時、そんなことないんだな、って気付いたんだ。

新しいことばを覚えたら伝えられることが増えた。
ことばを覚えるたびに友だちが増えた。
世界はボクが思っているよりもずっと広いんだって知れた。

そう思ったら英語が前よりもキライじゃなくなったんだ。だからもしキミが今は英語が好きじゃなくても、チャンスがあったら外国の人に英語で話しかけてみて。何か変わるかもしれないよ。

ページ 48

CHAPTER 2 ▶ 家族のことをはなそう

Lesson 7 家族の1日を伝えよう！
他の人のことを説明してみよう

ふだんの生活で家族がしていることは英語でなんというのかな？ 自分のことを伝えるときと何が違うだろう？ また「いつ」に関することばについても確認してみよう！

BASIC 1.音を聞いて音の順番にことばを並べかえよう！最初にくるアルファベットも小文字で書いてあるよ！

① (at six / up / gets / my father). No.17
私の父は6時に起きます。

My father gets up at six.

 数字は覚えたかニャ！ 忘れちゃったらLesson 2を復習するニャ！

② (at / my sister / to / school / goes / eight).
私の姉（妹）は8時に学校に行きます。

My sister goes to school at eight.

 文の一番最初にくるアルファベットは、大文字で書けてるかニャ？

③ (in the office / lunch / has / my mother).
私の母は会社でお昼を食べます。

My mother has lunch in the office.

in the office

ページ 49

④ (my father / home / comes / late).
ぼくのお父さんは遅く家に帰ってきます。

My father comes home late.

late

⑤ (every day / his / walks / my grandfather / dog).
私のおじいちゃんは毎日犬の散歩をします。

My grandfather walks his dog every day.

walk a dog

⑥ (to / my elder brother / goes / cram school).
私の兄は塾に通っています。

My elder brother goes to cram school.

 「私の兄」は"my older brother"とも "my elder brother"ともいえるよ！

⑦ (my older sister / dancing / on Fridays / lessons / takes).
私の姉は毎週金曜日ダンスを習っています。

My older sister takes dancing lessons on Fridays.

take dancing lessons

⑧ (homework / my younger sister / does / in the evening).
ぼくの 妹 は夕方に宿題をやります。

My younger sister does

homework in the evening.

"in the evening"は「夕方に／夜に」という意味だよ

「朝早くに」だったら "early in the morning"っていうニャ！

⑨ (my grandmother / tennis / practices / every weekend).
ぼくのおばあちゃんは毎週末テニスの練習をします。

My grandmother practices

tennis every weekend.

practice tennis

"every weekend"は「毎週末」という意味だよ

⑩ (plays / my elder sister / the trumpet / at school).
私の姉は学校でトランペットを演奏します。

My elder sister plays the

trumpet at school.

at school

「ピアノをひく」="play the piano"のようにtrumpetにもtheがついているね！
楽器を演奏するときにはtheがつくんだね！

⑪ (my younger brother / to / goes / bed / early).
私の弟は早寝します。

My younger brother goes

to bed early.

early

Let's try! ⟩ 2. 家族の1日を伝えよう！

① ぼくの祖父 は 5時に 起きます 。 No.18

My grandfather gets up at five.

ぼくの祖父　　起きる　　5時に

水の働き

My grandfather gets up at five.

"at five"が"gets up"をくわしく伝えるニャ！

「水があると雲は大きくなる」というイメージなのニャ！

---

② 私の祖母 は 朝 、 犬を散歩します 。

My grandmother walks her

dog in the morning.

私の祖母　　犬を散歩する　　朝

③ ぼくの兄 は 朝早くに 学校にいきます 。

My older brother goes to

school early in the morning.

ぼくの兄　　学校にいく　　朝早く

「仕事にいく」のだったら"go to work"というよ！

どうだったかな？　ボクに"s"や"es"がくっついていることに気付いたかな？

Challenge

④ 私の姉 は 朝早く 学校にいって 、 テニス を とても一生懸命に 練習します 。

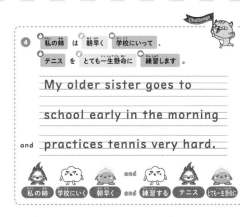
My older sister goes to

school early in the morning

and practices tennis very hard.

私の姉　学校にいく　朝早く　and　練習する　テニス　とても一生懸命に

hard

very hard

"and"を使うと同じ種類のことばをつなげることができるニャ！

「とても一生懸命に」は"very hard"というよ！

Lesson 8 家族のいろいろなことを伝えよう！
他の人の好き嫌いなどを伝える表現を知ろう

君の家族はどんなものが好きかな、嫌いかな？ どんなものが欲しいかな？ どんなものを持っているかな？ 君の家族のこと、いろいろ伝えてみよう！ 自分のことを伝えるときに何が違うのかも確認しよう！

BASIC | 1. 音を聞いて音の順番にことばを並べかえよう！ 最初にくるアルファベットも小文字で書いてあるよ！

① (spiders / does not like / my cousin). 🔊No.19
ぼくのいとこはクモが嫌いです。

My cousin does not like spiders.

spiders

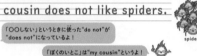
「○○しない」というときに使った"do not"が"does not"になっているよ！

「ぼくのいとこ」は"my cousin"というよ！

② (my brother / mathematics / very hard / studies).
私の兄（弟）は算数を一生懸命勉強します。

My brother studies mathematics very hard.

study

③ (play / my father / sports / doesn't).
ぼくの父はスポーツをしません。

My father doesn't play sports.

sports

"does not"も"don't"みたいに"doesn't"という書き方ができるニャ！ 読み方はわかったかニャ？

④ (skirt / wants / my older sister / new / a).
ぼくの姉は新しいスカートをほしがっています。

My older sister wants a new skirt.

older sister

⑤ (my brother / a doctor / wants to be).
ぼくの兄（弟）は医者になりたがっています。

My brother wants to be a doctor.

doctor

"want to be ～"で「～になりたい」だよ！

⑥ (in her room / many books / has / my aunt).
私のおばさんは部屋にたくさんの本を持っています。

My aunt has many books in her room.

many

⑦ (good video games / my uncle / have / does not).
ぼくのおじさんは面白いテレビゲームを持っていません。

My uncle does not have good video games.

uncle

54 / 55

⑧ (very much / cute / my mother / animals / likes).
私の母はかわいい動物がとても好きです。

My mother likes cute animals very much.

cute

「とても好き」の「とても」は"very much"というよ！

⑨ (beautiful flowers / grows / my grandmother / many).
私のおばあちゃんはたくさんの美しい花を育てています。

My grandmother grows many beautiful flowers.

beautiful

⑩ (like / my parents / strong coffee).
私の両親は濃いコーヒーが好きです。

My parents like strong coffee.

"my parents"という風に複数になると"likes"ではなくて"like"になっているよ！確認しよう！

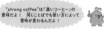
"strong coffee"は「濃いコーヒー」の意味だよ！同じことばでも使い方によって意味が変わるんだよ！

Let's try! 2. 家族のいろいろなことを伝えよう！

🔊No.20

各エレメントの役割の確認

56 / 57

102

この木と火が文を〈くわしく伝えるニャ！「木と火が豊かに彩る」とイメージするニャ！

木は火を〈くわしく伝えるんだったね。「火は木があるともっと燃える」んだよ！

火は雲や木を〈くわしく伝えるよ！「火があると雲も木も大きく育つ」って覚えてね！

でも、火で水は〈くわしく伝えられないよ！「水をかけると火は消えちゃう」からね！

この4つのエレメントが英文を作っていくのニャ！ことばに備わったエレメントのイメージを持って上手に組み合わせるのニャ！

58

① お母さん は バスケットボール が 好きです 。

My mother likes basketball.

イメージでわかる！

お母さん　好き　バスケットボール

② 兄（弟） は 新しいテレビゲーム を 欲しがっています 。

My brother wants a new video game.

イメージでわかる！

兄　欲しい　(1つの)新しいテレビゲーム

③ おばあちゃん は 緑色 が とても 好きです 。

My grandmother likes green very much.

イメージでわかる！

おばあちゃん　好き　緑色　とても

59

Challenge

④ お姉ちゃん は 7時に 学校に行きます 。彼女 は 学校で 英語 を とても一生懸命に 勉強しています 。私 は 彼女のこと が とても 好きです 。

My older sister goes to

school at seven. She studies

English very hard at school.

I like her very much.

雲のうしろでは"she"は"her"というかたちになるニャ！"he"の場合には"him"になるニャよ！

60

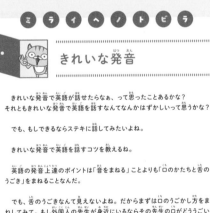

ミライヘノトビラ

きれいな発音

きれいな発音で英語が話せたらなぁ、って思ったことあるかな？それともきれいな発音で英語を話すなんてなんかはずかしいって思うかな？

でも、もしできるならステキに話してみたいよね。

きれいな発音で英語を話すコツを教えるね。

英語の発音上達のポイントは「音をまねる」ことよりも「口のかたちと舌のうごき」をまねることなんだ。

でも、舌のうごきなんて見えないよね。だからまずは口のうごかし方をまねしてみて。もし外国人の先生が身近にいるならその先生の口がどううごいているかに注目して、その口をまねて英語を話してみてごらん。発音がきれいになっていくよ。

もちろんすぐにはできるようにならないよ。発音の練習は自転車とか逆あがりの練習みたいなものなんだ。口が英語のことばのうごきに慣れるまでには時間がかかるんだって思ってね。焦らずにゆっくりいけばいいんだ。

61

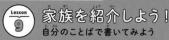

Lesson 9　家族を紹介しよう！
自分のことばで書いてみよう

ここまで学んだ内容を生かして家族の紹介を書いてみよう！

BASIC　1. 音を聞いて音の順番にことばを並べかえよう！
最初にくるアルファベットも小文字になっているよ！

①（ this / father / is / my ）.
こちらが私の父親です。

　This is my father.

　"my"の位置を間違えずに書けたかな？

②（ is / his / Satoshi / name ）.
彼の名前はサトシです。

　His name is Satoshi.

「彼の名前」って英語でどう書くんだったかな？

③（ kind / he / is ）.
彼はやさしいです。

　He is kind.

火＝木というかたちの文だよ！

kind

④（ very / he / hard / works ）.
彼はとても一生懸命働きます。

　He works very hard.

very hard

"work（＝働く）"が"works"と変化していることを確認しようね！

⑤（ he / baseball / likes ）.
彼は野球が好きです。

　He likes baseball.

⑥（ practices / he / every / baseball / weekend ）.
彼は毎週末野球の練習をしています。

　He practices baseball
　every weekend.

"s"にちゃんと注目してるかな？

⑦（ much / I / him / very / like ）.
私は彼のことがとても好きです。

　I like him very much.

「とても好き」の「とても」はどういえばよかったかな？④で"work"を伝える場合には何を使っていたか確認してね！

どうだったかニャ？じゃあ、今度は君の家族を紹介してほしいニャ！

62　63

※Let's try！の答えの英文は例です。

Let's try！　2. 家族の紹介を書いてみよう！

① 誰の紹介をしてくれるのかな？
ヒント： こちら（これ）= ○○ .
答声の英文は、あくまで例・ヒントだニャ！自分なりに書いてみるニャ！

　This is my father.

今までに習ったかたちを生かして書く意識が大切ニャ！

② 紹介してくれる家族の名前を教えて！
ヒント： 彼の（彼女の）名前 = ○○ .

　His name is　　　　.

「彼の（彼女の）名前」は英語でなんていうんだったかな？

③ その家族はどんな人かな？
ヒント： 👤 = 😊

　He is kind.

木の働き、しっかり確認してね！

わからないニャ!?Lesson 6ニャ！

④ その家族について少なくとも３つ教えて！
ヒント： その人は働いているのかな？
その人は何が好きなのかな？
その人は週末どんなことをするのかな？
その人はどんな勉強をしているのかな？
その人は何か楽器を演奏するかな？

書ききれなかったら、音声を止めて、書いてね。

困ったらLesson 7とLesson 8ニャ！

　He is a doctor.

　He likes baseball.

　He plays the piano.

⑤ 君はその人のことをどう思っているのかな？

　I like him very much.

「大好き／とても好き」って書くときには何を使えばよかったんだっけ？

Challenge

⑥ こんなときどうする？

「これがぼくの父親のサトシです」って一度に言いたいときにはどうしたらいいニャ？

"This is my father, Satoshi."って言えちゃうよ！

・書いてみよう！

　This is my father, Satoshi.

⑦ こんなときどうする？

「彼は毎週末〜をします」じゃなくて「彼は時間があるとき〜します」って言いたいニャ！

"in his free time"って言うんだよ！「彼は時間があるときはテレビゲームをします」なら、"He plays video games in his free time."となるんだよ！

・書いてみよう！

　He plays video games in
　his free time.

64　65

Lesson 10 友だちや先生のことを伝えよう！
一緒に何かをするときの表現を知ろう

学校の友だちや先生のことを伝える表現を学ぼう！
友だちや先生と一緒に何かをするときはどんな風に
言えばいいかな。確認してみよう！

BASIC 1. 音を聞いて音の順番にことばを並べかえよう！
最初にくるアルファベットも小文字で書いてあるよ！

❶ (he / my / is / friend / good). No.24
彼はぼくの仲のいい友だちです。

He is my good friend.

friend

"good"の位置、間違えなかったかな？

❷ (are / my / friend / best / you).
あなたは私の親友です。

You are my best friend.

best

"you"は「君／あなた」という意味だよ！

"you"を使うときにはボクが"am"や"is"じゃなくて
"are"というかたちに変化しているよ！　注目して！

ありがとね！
is
are
am

❸ (Jun / in the music room / the piano / plays).
ジュンは音楽室でピアノをひきます。

Jun plays the piano in the music room.

"in the music room"で「音楽室で」という意味だよ！
「教室で」なら"in the classroom"って言うんだ！

❹ (classmates / and I / are / Miki).
ミキと私は同級生（クラスメイト）です。

Miki and I are classmates.

classmates

「〇〇と私」っていうときには"〇〇 and I"ニャ！
「私と〇〇」って言いたいときも"〇〇 and I"ニャ！
つまり、"I"はいつもあとに置くってことだニャ！

複数のことと一緒に
使うときには、ボクは
"are"のかたちになるよ

❺ (together / we / mathematics / study / at cram school).
私たちは塾で算数を一緒に勉強しています。

We study mathematics
together at cram school.

study
mathematics

"together"は「一緒に」という意味だよ

「私たち（ぼくたち）」は"we"って言うんだよ！

❻ (often / in the schoolyard / we / together / play).
私たちはよく校庭で一緒に遊びます。

We often play together in the schoolyard.

"often"は「よく（ひんぱんに）」を意味するよ！
「ときどき」だったら"sometimes"で、
「いつも」だったら"always"だよ！

"in the schoolyard"は
「校庭で」という意味ニャ！

68
69

---

❼ (English / is / an / teacher / John).
ジョンは英語の先生です。

John is an English teacher.

teacher

❽ (are / and / kind / John / Mr. Yamashita / very).
山下先生とジョンはとてもやさしいです。

Mr. Yamashita and John are very kind.

"very"が"kind"を強めているね！

"Mr. Yamashita"は
「山下さん」の意味でも使うよ！

❾ (teaches / Mrs. Sato / to us / social studies).
佐藤先生は私たちに社会を教えてくれます。

Mrs. Sato teaches social
studies to us.

teach

"social studies"は「社会科」の意味だよ

「私たちに」は"to us"と言うよ！「私に」だったら"to me"と言うんだ

❿ (very well / knows / our teacher / many things).
私たちの先生はいろいろなことをとてもよく知っています。

Our teacher knows many
things very well.

know

「私たちの〇〇」は"our 〇〇"と言うよ！
「あなたの〇〇」ならば"your 〇〇"を使うんだ。"my 〇〇"と同じ使い方だね！

70

Let's try! 2. 友だちや先生のことを伝えよう！

No.25

《火のかたちのイメージ》 火に合わせた雲のかたちをまとめよう！

	be (=)	"be"以外
I	am	そのままのかたち
you	are	そのままのかたち
he/she/this など "I"と"you"以外の単数	is	s または es がつく
複数	are	そのままのかたち

火 ‥‥ 雲

火にあわせて雲が変わる

単数

am
is
are

es s

複数

"be"が特別なのニャ！
"be"と"be"以外で
ルールを分けて
考えるといいニャ！

71

105

ページ 72

❶ 私たち は 一緒に いろいろなテレビゲーム を します。

We play many video games together.

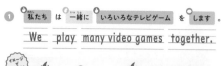
私たち｜する｜いろいろなテレビゲーム｜一緒に

❷ マキと私 は いつも 一緒に 学校に行きます。

Maki and I always go to school together.

マキと私｜いつも｜学校に行く｜一緒に

❸ 私と田中先生 は ときどき 昼食 を 一緒に 食べます。

Mr. Tanaka and I sometimes have lunch together.

私と田中先生｜ときどき｜食べる｜昼食｜一緒に

「I」をうしろに置くの、忘れなかったかな？

ページ 73

Challenge

❹ サキと私 は 仲の良い友だち です。
私たち は よく 一緒に 校庭で 遊びます。
また、私たち は 音楽室で よく 一緒に ピアノをひきます。
私たち は いつも 一緒に 帰ります。

Saki and I are good friends. We often play together in the schoolyard. Also, we often play the piano together in the music room. We always go home together.

「また／〇〇も」は "also" って言うんだよ

今まで学んできたことの組み合わせでこんなにたくさんのことが書けるのニャ！ちゃんと復習するんニャよ！

ページ 74

Lesson 11 友だちや先生の得意なことを説明しよう！
できることを伝える表現を知ろう

君の友だちはどんなことが得意かな？ 君の先生の特技はなんだろう？ みんなでできることはあるかな？ 逆にできないことは？ 「できる」を伝える表現を知ろう！

BASIC 1．音を聞いて音の順番にことばを並べかえよう！
最初にくるアルファベットも小文字で書いてあるよ！

❶ (the guitar / can play / Takashi).
タカシはギターをひくことができます。 No.26

Takashi can play the guitar.

「〇〇ができる」というときにはボクの前に"can"をつけるよ！

❷ (can / fast / run / Yuko).
ユウコははやく走れます。

Yuko can run fast.

run

"fast"は「はやく」の意味だよ！

ちなみに、「泳ぐ」は"swim"だニャ！
swim

❸ (Masaru / cookies / bake / can't).
マサルはクッキーを焼くことができません。

Masaru can't bake cookies.

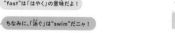「〇〇できない」というときには"can't"をボクの前につけるよ！
bake

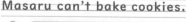"can't"は"cannot"を短縮したものなのニャ！

ページ 75

❹ (a picture / Ms. Sugimura / draw / can / well).
杉村先生は絵を上手に描けます。

Ms. Sugimura can draw a picture well.

draw

❺ (English / can / we / very / speak / well).
私たちは英語をとても上手にはなせます。

We can speak English very well.

speak

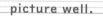"can"の使い方、慣れてきたかな？

❻ (play / can / our headmaster / volleyball).
私たちの校長先生はバレーボールができます。

Our headmaster can play volleyball.

headmaster

volleyball

Page 76

⑦ (is good at / Kenji / cooking).
ケンジは料理が得意です。

Kenji is good at cooking.

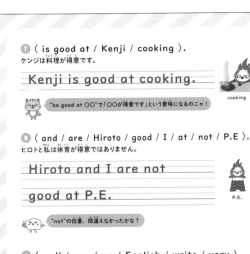
cooking

> "be good at 〇〇"で「〇〇が得意です」という意味になるのニャ！

⑧ (and / are / Hiroto / good / I / at / not / P.E).
ヒロトと私は体育が得意ではありません。

Hiroto and I are not

good at P.E.

P.E.

> "not"の位置、間違えなかったかな？

⑨ (well / can / we / English / write / very).
私たちは英語をとても上手に書くことができます。

We can write English

very well.

あ
write

⑩ (can / unicycle / ride / Yuichi / a).
ユウイチは一輪車に乗れます。

Yuichi can ride a unicycle.

unicycle

> 「一輪車」は"unicycle"というよ！

76

Page 77

Let's try! > 2. 友だちや先生のいろいろなことを伝えよう！

① ①私たち は ②サッカー を ⑤一緒に ④することができます 。
③校庭で

We can play soccer together in the schoolyard.

🔊 No.27

①私たち ④することができる ②サッカー ⑤一緒に ③校庭で

ぼくたちのイメージ　雲を助けるdoとcan

doやcanはボクを助けてくれることばなんだよ

ここまでに出てきた雲を助けることばを確認するニャ！

【do】
・notと一緒に雲の前にきて「〇〇ではない」という意味を加える。

だめ！

・雲に "s" や "es" がつく場合にはdoに代わりにつける。

es
ありがとう

77

Page 78

【can】
・雲の前にきて「〇〇できる」という意味を加える。

オー！
オー！できるできる！

・notと一緒に雲の前にきて「〇〇できない」という意味を加える。

できない…むりだ…

・can が前についたときも雲は「もとのかたち」になる。

ボクが守るからきみはそのままでいいよ！
ありがとういいの？

ボクらを上手に組み合わせて表現できることを増やしてね！

doとcanを使うと相手に質問する表現もできちゃうんニャけど、それはまたの話ニャ！！

② ①ユウト は ②テニス が ③得意です 。

Yuto is good at tennis.

イメージでわかる！

①ユウト ②得意 ③テニス

> "be good at 〇〇"はまとめて雲のエレメントだと考えちゃうと良いニャ！

78

Page 79

③ ①カナ は ③とてもはやく ②泳げます 。

Kana can swim very fast.

イメージでわかる！

①カナ ②泳げる ③とてもはやく

Challenge

④ ①私たちの先生 は ②野球 を ④とても上手に
③することができます 。 ⑤彼 は ⑥サッカー ⑨も
⑧とても上手に ⑦することができます 。 ⑩彼 は ⑫スポーツ
⑪が ⑬得意です 。

Our teacher can play

baseball very well. Also,

he can play soccer very

well. He is good at sports.

さあ、これでいろいろなことが書けるようになったニャ！
次のLessonで自分のことばで書いてみるニャ！
大丈夫！　You can do it!なのニャ！！

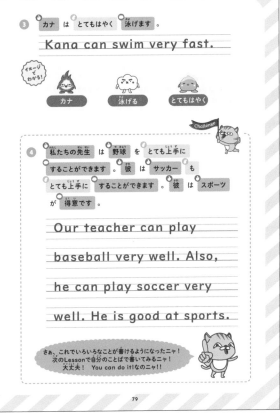

79

Lesson 12 友だちや先生を紹介しよう！
自分のことばで書いてみよう

ここまで学んだ内容を生かして友だちや先生の紹介を書いてみよう！

BASIC 1. 音を聞いて音の順番にことばを並べかえよう！
最初にくるアルファベットも小文字になっているよ！

❶ (my / is / friend, Takeshi / this).
これが私の友人のタケシです。

This is my friend, Takeshi.

この書き方、覚えてるかニャ？ Lesson 9で学んだニャ！

❷ (and / are / he / classmates / I).
私と彼はクラスメイトです。

He and I are classmates.

 "he and I"の順番で書けたかな？

❸ (together / we / play / often).
私たちはよく一緒に遊びます。

We often play together.

ボクを上手に使えてるかな？

❹ (very / Takeshi / much / soccer / likes).
タケシはサッカーがとても好きです。

Takeshi likes soccer very much.

❺ (can / well / soccer / he / very / play).
彼はサッカーをとても上手にできます。

He can play soccer very well.

❻ (play / we / together / in the schoolyard / soccer).
私たちは校庭でサッカーを一緒にします。

We play soccer together
in the schoolyard.

 "we"のときには"s"はつかないね

❼ (speak / he / English / can / well / also,).
また、彼は英語を上手に話せます。

Also, he can speak
English well.

「また／○○も」というような意味を表す"also"は使えるようになったかな？

❽ (hard / he / English / very / studies).
彼は英語をとても一生懸命勉強します。

He studies English very hard.

 study

❾ (to cram school / go / we / together).
私たちは一緒に塾に通っています。

We go to cram school
together.

go to cram school

❿ (sometimes / he / English / to me / teaches).
彼はときどき私に英語を教えてくれます。

He sometimes teaches
English to me.

⓫ (is / he / good / my / friend).
彼は私の仲の良い友だちです。

He is my good friend.

 friend

 どうだったかニャ？じゃあ、今度は君の友だちや先生を紹介してほしいニャ！

※Let's try! の答えの英文は例です。
Let's try! 2. 友だちや先生の紹介を書いてみよう！

❶ 誰の紹介をしてくれるのかな？ 音声の英文は、あくまで例・ヒントだニャ！

This is   .

❷ その人と一緒によく何をするのか教えて！ または、その人ってどんな人？

We often play together.
He and I are classmates.

「よく（ひんぱんに）」はなんて言うんだったかな 「同級生」って言えるかな？

❸ その人はどんなことが好きなのかな？

He likes tennis.

「とても好き」という場合の「とても」って、なんていうんだったかニャ？

❹ その人の特技や得意なことを少なくとも3つ教えて！
ヒント：その人は運動は得意かな？
その人は足ははやい？
その人は泳げたりする？
その人が何か得意な科目があるかな？
その人と君がときどき一緒にすることある？
困ったらLesson 10とLesson 11ニャ！

He is good at sports.
He can run fast.
He can't bake cookies.

⑤ 君はその人のことをどう思っているのかな？

He is my good friend.

「仲のよい友だち」ってなんて言うんだったっけ？

Challenge

さぁ、これで最後ニャ！自分で下の２つにチャレンジしてみるニャ！

⑥ 家族が「得意なこと」言えるかニャ？

家族も友だちや先生を紹介したときと同じように考えればいいね！

My brother is good at cooking.

⑦ 自分の「できること」言えるかニャ？

"you"を使えば友だちに手紙も書けるね！

"I"ではじめてあげればできちゃうはずだね！

I can swim very fast.

何もできニャい！？何言ってるニャ！今なら少なくとも"I can write English very well."って言えるはずニャ！

ミ ラ イ ヘ ノ ト ビ ラ

大人の英語の問題

今回はみんなのお父さん・お母さんがとく英語の問題にチャレンジしてみよう！ 下の問題を見てみよう。

Mr. Monk ------ declined the dinner invitation, as he had a prior obligation at the Scattman Museum.

(A) respectful
(B) respectfully
(C) respective
(D) respects

これは大人が受けるTOEICというテストのような問題なんだ。どれが答えかわかるかな…むずかしいね。でも、この本で学んだことを生かしてこうしてみたらどうだろう。

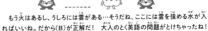
Mr. Monk ------ declined the dinner invitation, as he had a prior obligation at the Scattman Museum.

(A) respectful
(B) respectfully
(C) respective
(D) respects

エレメントで考えると…

もう火はあるし、うしろには雲がある…そうだね、ここには雲を強める水が入ればいいね。だから(B)が正解だ！ 大人のとく英語の問題がとけちゃったね！こんな風に今の勉強は大人になっても役立つってことを知っておいてね。

84

85

おわりに

おうちの方へ

　大学入試関連で耳にすることの増えた「CEFR」という評価基準があります。この基準は英語運用能力をA1〜C2までの6段階で評価するものですが、A1から最高レベルのC2までの間で「英語をどの"範囲"で使用することが可能か」という観点が示されています。

　自分のことや身近なことを出発点に、少しずつ社会に関することがらに段階的に範囲が拡大していく中で求められる言語運用能力は高くなっていく、ということです。

　私たちは時々この当たり前のことを忘れがちです。子どもが自分の欲求を伝えることができるようになってから、親や身近な人、友だちと対話ができるようになるまで、はじめて「先生」に出会い、親以外の大人と接することができるようになるまで、そしてそこからもずっと、使用される言語はその度にバージョンアップし、子どもの言語能力は向上していきます。

　そうして、言語能力の向上と活動範囲の拡大が互いに影響を及ぼしながら子どもは、いえ、人は様々な新しい世界と出会っていくわけです。言語能力の限界は活動範囲の限界を意味し、活動範囲が同じ大きさにとどまれば言語能力はそれ以上に高まる必要がありません。

　子どもに英語という「外国語」を教えることは、言語の学習を通じて、言語能力の向上にけん引させるかたちで子どもの活動範囲を広げようとすること、母語のみの世界から「その外側の世界」へ子ども連れだそうとすることなのだと私は考えています。CEFRも、ましてや英検などの資格試験も入試も、そういったプロセスの「現在地」を確認するものにすぎません。これらは手段であり目的地ではないのです。

　言語学習の「目的地」に近づき、言語能力と活動範囲が最大に近くなった子どもたちは様々なことを世界全体としての視野をもってとらえることができるようになるでしょう。そうした「広い世界」を子どもに見せてあげるためにこの本が少しでも役立つならこれほど嬉しいことはありません。

本書を世に送り出すにあたり、私に幼児・児童英語指導への道を開いてくださった玉川大学大学院の佐藤久美子先生に御礼を申し上げます。また私の摩訶不思議なアイデアを「おもしろい」と言ってくださったKADOKAWAの角田顕一朗さんにも感謝いたします。最後に、これまで関わってくれた全ての年齢の"生徒"、私にこの生き方を示してくれた小児精神科医であった父、そして、いつも支えてくれる家族に心からの感謝をして本書を終わりたいと思います。

If it's to be, it's up to me!
（全ては自分次第！）

守屋 佑真

著者

守屋 佑真（もりや　ゆうま）

1981年生まれ。河合塾講師。難関国公立・難関私大などトップ層の
講義を多数担当。また民間英語資格試験の指導にも精通した人気講師。
高校2年次に米国Moses Brown Schoolに1年間留学。早稲田大学法
学部卒。法務博士。実用英語技能検定1級。TOEIC対策関連書籍を複
数監修。児童英語指導員。保育士。
玉川大学大学院教育学研究科（教職専攻）名誉教授・特任教授の佐藤
久美子氏をリーダーとする、小学校英語教育研修プログラムや幼稚園
英語教育研修プログラムにおいても、カリキュラム開発及び研修講師
として参画。
全年齢を対象とした英語教育に携わり、英語教育全体を「一筆書き」
に考察することを目指して日々奮闘中。

装丁：諸橋 藍
英語音声：一般財団法人　英語教育協議会（ELEC）、Karen Haedrich
日本語音声：桑島 三幸
校正：株式会社鴎来堂
DTP：株式会社フォレスト

CD付 イラストで直感的にわかる 小学英語ワークブック
小学生のうちから学んでおきたい英文法が身につく

2020年3月9日　初版発行

著者／守屋 佑真

イラスト／いとうみつる

発行者／川金 正法

発行／株式会社KADOKAWA
〒102-8177　東京都千代田区富士見2-13-3
電話　0570-002-301（ナビダイヤル）

印刷所／大日本印刷株式会社

●お問い合わせ
https://www.kadokawa.co.jp/（「お問い合わせ」へお進みください）
※内容によっては、お答えできない場合があります。
※サポートは日本国内のみとさせていただきます。
※Japanese text only

定価はカバーに表示してあります。

©Yuma Moriya 2020　Printed in Japan
ISBN 978-4-04-604483-9　C6082